献给我们伟大的祖国改革开放四十周年

当馆长那些事

——1984 年—2016 年

霍灿如　著

黑龙江大学出版社
HEILONGJIANG UNIVERSITY PRESS

哈尔滨

图书在版编目（CIP）数据

当馆长那些事：1984 年—2016 年 / 霍灿如著 . --
哈尔滨：黑龙江大学出版社，2019.5
ISBN 978-7-5686-0300-3

Ⅰ．①当… Ⅱ．①霍… Ⅲ．①图书馆工作－文集
Ⅳ．① G25-53

中国版本图书馆 CIP 数据核字 (2018) 第 275795 号

当馆长那些事 ——1984 年—2016 年
DANG GUANZHANG NAXIE SHI——1984 NIAN—2016 NIAN
霍灿如　著

责任编辑	张春珠　徐晓华	
出版发行	黑龙江大学出版社	
地　　址	哈尔滨市南岗区学府三道街 36 号	
印　　刷	哈尔滨市工大节能印刷厂	
开　　本	880 毫米 ×1230 毫米　1/32	
印　　张	11.375	
字　　数	159 千	
版　　次	2019 年 5 月第 1 版	
印　　次	2019 年 5 月第 1 次印刷	
书　　号	ISBN 978-7-5686-0300-3	
定　　价	69.00 元	

本书如有印装错误请与本社联系更换。

版权所有　侵权必究

序　言

终身的职业，崇高的责任

　　非常荣幸应霍灿如老馆长之约为《当馆长那些事》一书作序。

　　霍老大学毕业后即被分配到图书馆工作，他虽然不是图书情报专业出身，但于 20 世纪 80 年代在北京大学图书馆学习进修一年后，便与图书馆结下了不解之缘。在黑龙江大学图书馆从采购员做起，历任采编部主任、办公室主任、副馆长、馆长等职。2004 年退休后又被聘为黑龙江东方学院图书馆副馆长，2005 年被聘为馆长，直到 2016 年二次退休。曾兼任中国图书馆学会理事，黑龙江省图书馆学会常务理事、副理事长、学术委员，黑龙江省高等学校图书情报工作委员会副主任、秘书长。1999 年被聘为教育部高等学校图书情报工作指导委员会委员。他凭借对图书馆事业的无限热爱，踏实肯干、刻苦钻研，以高度的责任感把图书馆工作开展得红红火火、有声有色。从 1983 年底担任副馆长、1994 年任馆长到 2004 年退休，在黑龙江大学图书馆馆长岗位上长达 20 年，后又在民办高校图书馆当馆长 12 年，共计 32 个年头。本书就是霍老把这 32 年来在馆长岗位上所遇到的主要的人和事用文字记录下来而形成的。正如霍老所说：当馆长时正赶上改革开放的春天，也是高校图书馆事业大发展的年代，图书馆风生水起，一天一个模样，恰逢盛世，有幸把当馆长那些事记录下来，作为图书馆发展史上一朵小小浪花留在知识海洋里。

霍老在两校图书馆当馆长时，积极谋发展，加强馆藏建设；锐意改革，大胆进行优化改革，创新地提出学术建馆的办馆理念；大胆起用年轻人，培养了一支优秀的馆员队伍。霍老不仅是敬业的图书馆实践者和管理者，更是龙江图书馆事业，尤其是龙江高校图书馆事业发展的重要推动者和引领者。其一，积极推进并完成黑龙江省图书馆学专业的筹建工作。他积极同当时在北京大学图书馆学专业攻读研究生的王知津（后任黑龙江大学图书情报学系第二任主任）沟通，动员他毕业后到黑龙江大学筹建图书馆学专业，与此同时还颇费周折地联系并请到了黑龙江省图书馆的李修宇（后任黑龙江大学图书情报学系第一任主任）也来黑龙江大学筹建图书馆学专业。经过霍老的不懈努力，两位主任都调转到黑龙江大学并成功建立图书情报学系，设立图书馆学专业，霍老为我省图书馆学专业的建设立下了汗马功劳。其二，推动黑龙江省高校图书馆学术组织的建立与发展。1988 年 4 月在哈尔滨科学宫举行哈尔滨地区高校图书馆学会成立大会，霍老当选为秘书长。其三，促进专业职称评审条件的修改及对人才培养和成长机制的完善。当时黑龙江省高校图书馆专业技术人员评职条件中规定必须有省级科研成果奖，按当时的条件，图书馆馆员很难达到这一要求。鉴于这一情况，霍老组织黑龙江省高校图书资料系列的评委（专家）向黑龙江省人事厅提交了书面申请，最后黑龙江省人事厅对省图书资料系列评

3

审条件进行了修改。这一贡献为全省高校图书馆专业技术人员评职晋级创造了良好条件，并极大地促进了专业人才的培养和发展。其四，提升个人专业及业务修养。霍老是一位敬业的管理者，同时对学术研究及个人专业发展投入了极大的热情和精力。尤其是2002年1月，教育部高等学校图书情报工作指导委员会委托黑龙江省高校图工委、黑龙江大学图书馆和黑龙江大学信息管理学院承办的"全国高校信息素质教育学术研讨会"在黑龙江大学召开，霍老在会上专门做了题为《为开创信息素质教育的新局面而努力奋斗——在全国高校信息素质教育学术研讨会上的总结》的发言，此文后在《大学图书馆学报》正式发表，颇有影响。其五，推动馆员队伍的可持续建设。霍馆长无论在黑大还是在黑龙江东方学院，他都对馆员发展、馆员队伍建设倾注了大量心血，并争取了许多可持续的保障条件。

光阴荏苒，霍老把自己32年来在馆长岗位上发生的人和事以及自己的经历与感受回忆并记录下来，写成此书。从书中可看到霍老作为老一辈图书馆人的职业追求和责任担当，体会到他当馆长时的快乐艰辛与酸甜苦辣。我想，一个人做一阵子图书馆的工作并不难，但一辈子从事图书馆工作，并且卓有成效，倾己之力推动这个事业发展才是难能可贵的，也是非常值得后来者学习的。霍老就是这样一位图书馆人。

　　是为序。

刘世英

东北农业大学图书馆馆长

黑龙江省高等学校图书情报工作

委员会副主任、秘书长

2018 年 8 月 2 日

目　录

目
录

3

卷 首 语

我是 1983 年底在黑龙江大学图书馆任副馆长,1994 年任馆长,到 2004 年退休共计 20 个春秋。于 2004 年退休后又被聘为黑龙江东方学院图书馆馆长,工作了 12 年。前后在图书馆做馆长工作共计 32 年。从年代来看,正赶上我国改革开放时代,从计划经济到市场经济大变革的时代,也是图书馆事业发展的最好历史时期。在这 32 年里,图书馆发生了翻天覆地的变化,一座座现代化的图书馆拔地而起,图书馆的经费大幅度提高,图书馆队伍不断壮大。图书馆里发生了许许多多的事情,我感到很有必要把它们整理出来,特别是把当馆长时所经历的那些事用文字记录下来,供广大图书馆工作者参考,也作为那个时代图书馆历史的见证。

本书由发展篇、改革篇、文化篇、交流篇、趣事篇、荣誉篇、友谊篇、写作篇和履历篇组成。每篇我都把最有代表性的事情记录下来。履历篇被放在最后,主要记述我的身世和家庭背景,便于读者了解作者为什么与图书馆结下了不解之缘,更好地了解我为什么这样热爱图书馆工作,为什么把自己的一生都献给了图书馆事业。

　　本书序言由黑龙江省高校图工委副主任、秘书长,东北农业大学图书馆馆长刘世英教授撰写,在此我向他表示深深的感谢!

发 展 篇

馆 藏 建 设

1983年黑龙江大学图书馆领导班子大调整,老馆长们相继退休。学校派来馆长和书记,我被任命为副馆长,主要负责图书馆的业务和藏书建设工作。当我知道台湾版文渊阁《四库全书》影印版出版了,就明白这部书对图书馆来说十分重要,具有收藏和使用价值。台湾商务印书馆影印台湾故宫所藏文渊阁《四库全书》在我国学术界产生了很大反响。《四库全书》之纂修始于清乾隆三十八年至四十七年 (1773年至1782年),近十年编校竣工,共收书约3500种,有79000多卷,装帧36000余册。网罗我国古来著作于一编,实为当前之巨制,东亚文化之宝藏。其书先后抄缮七部分,置于全国各地。藏于大内(故宫)者曰文渊阁,藏于圆明园者曰文源阁,藏于盛京(沈阳)者曰文溯阁,藏于热河行宫者曰文津阁,合称"北四阁"。置于扬州者曰文汇阁,置于镇江者曰文宗阁,置于杭州者曰文澜阁,号称"南三阁"。其中之文汇、文宗二阁书毁于杨洪之乱,文澜亦残佚过半,文源阁书则悉尽英法联军之役,仅存完整的为文渊、文溯、文津三阁而已。其书为中国文化精英集成,则学者共推。我见此书出版消息之后,马上找到当时主管图书馆工作的副校长李祖培教授。他是学者型校长,当然知道此书的收藏价值,马上让我们打报告申请购买此书。因这部书是台湾影印出版的,由省委宣传部负责审批购买。经批准,学校出专项资金15万元购得此书,此书成为镇馆之宝,为我校教学科研发挥了重要作用。20世纪80年代初,15万元人民币还是很大一笔经费。到21世纪初,北京图书馆才将自己馆收藏的文津阁《四库全书》影印出版。而我校收藏的台湾版文渊阁《四库全书》早于文津阁《四库全书》二十多年,真是十分难得。

购买台湾版《近代中国史料丛刊》。黑龙江大学当时是省属重点大学,而且其文科专业在省内是重中之重。这套丛刊黑大图书馆必须收藏,势在必得。从介绍得知,这套丛刊是台湾文海出版社于1966年开始陆续出版的中国近代史资料丛刊,由历史学家沈云龙担任主编。该丛刊现已出版至三编,分别是《近代中国史料丛刊》、《近代中国史料丛刊续编》和《近代中国史料丛刊三编》,计已编成出版正编一百辑,续编一百辑,三编一百辑。该丛刊所收录的史料包括档案、奏疏、政书、笔记、日记、函牍、手札、电文、年谱、诗文集、经世文编、传记(碑传)等,内容广泛且丰富,对研究中国近代史具有重要价值。这部丛刊对黑大来说太重要了,要赶紧买进来。当时这套书的价格为4.3万元,经过申请,我及时购买。这套书用专柜陈列在教师阅览室,供广大文科师生查阅,成为教师阅览室里的一道亮丽的风景线。我校历史系段教授对此赞不绝口,如获至宝。他逢人便讲:"黑大有这些珍贵的历史资料,我哪儿也不去了,就在黑大教一辈子书啦!"

　　购得影印本文津阁《四库全书》和《永乐大典》。我到东方学院图书馆当馆长后依然十分重视馆藏建设。首先又购得任继愈、傅璇琮主编的影印本文津阁《四库全书》一套500册。此书是人类有史以来最大规模的图书集成之一,从乾隆三十八年(1773年)开馆编纂,耗时近十年完成,收录了各地呈缴图书、内廷藏书和从《永乐大典》中集出的珍本、善本约3500种,共79000多卷,36000多册,近230万页,约8亿字,几乎囊括了从先秦到乾隆时代所有的典籍，涵盖了古代中国所有学术领域。后来又购得《永乐大典》影印本，这套书是国家图书馆保存的 163 册影印本。《永乐大典》是明成祖朱棣命太子少傅姚广孝和翰林学士解缙主持，三千多人参加，于永乐六年(1408 年)修成的大型类书。全书共 22877 卷，是中国古代最为成熟、最为杰出的"百科全书"。它是上起周秦下迄明初的历史文献资料的总结，因此也是十五世纪我国文化史上的丰碑。《永乐大典》这一文化宝库汇集了古今图书七八千种。其中成段或全书采录的文献，能够一字不改，保存古籍原貌。自《永乐大典》成熟之日起，他的学术意义和文献价值就已受到明清两代学术界的广泛重视。影印本文津阁《四库全书》和《永乐大典》已成为黑龙江东方学院图书馆的镇馆之宝。在 2012 年民办高校评估时，全国高校评估的专家称赞说，全国民办高校中这样珍贵的图书仅有黑龙江东方学院收藏，这对保存中国文化和传播优秀文化有着不可估量的历史意义。

千方百计要经费。二十世纪八九十年代，馆长为增加馆藏，每天都要向学校要钱。为要经费，曾经有这样一句很风趣的话——"撕破脸去争"。当时黑大每年的图书经费十几万元，除了保证期刊和连续出版物不断档外，真正用于购买图书的经费寥寥无几。我还记得我们图书馆连续十几年欠新华书店的图书钱。每年经费下来后，先是还债，一年压一年，日子很不好过。当向校长要钱时，校长说："这些经费（指水、电、煤经费等）要先保证教职工的工资和学校的一切运转，剩的钱不多，怎么给你买书呢？"怎么办？就得想办法。正好省文教办（现省教育厅）副主任孟新来黑大考察外语系俄语资料室。黑大俄语居全国高校前列，为保俄文资料不断档，我与教务处长王力向他反映，购买外文资料比较贵，学校经费紧张，省里能否为外文资料建设拨些专项经费。孟新副主任回去后研究在黑龙江大学成立外文资料中心，单独拨十万元购买外文资料。这件事告诉我们，当馆长的对能争取到的，不要放过任何机会，这样才能争得经费，保证图书馆的馆藏建设。说来也巧，孟新退休后又办起了民办学校——黑龙江东方学院。他任院长期间，正好我退休以后又被聘到学院图书馆当馆长。我们老友重逢，孟院长还风趣地对我说:"想当年我十分重视图书馆工作,那时就给你十万元买外文图书。哈哈!"

学 术 建 馆

我在黑龙江大学图书馆和黑龙江东方学院图书馆的学术建馆工作可概括为"搞科研、编著作、学术会、参评奖、派进修、争创新"18个字。特别是在黑龙江东方学院践行得更为明显。

一、搞科研。鼓励青年馆员参加校级课题立项、发表文章,并带领青年馆员申请省高教学会课题,指导他们进行课题研究。在东方学院图书馆12年来,全馆共申请校级课题立项13项,省级课题立项16项,其中省级重点课题4项,发表学术论文40余篇。

二、编著作。我从多方面锻炼队伍的编辑和写作能力,组织图书馆委员会成员编写《黑龙江东方学院图书馆规章制度汇编》《图书馆岗位职务说明书》《图书资料人员年度考核管理办法》等内部资料;还让青年馆员担任主编,所编辑的《大学生导读书目》《读书做人与成才——古今中外名人名言集》《黑龙江东方学院图书馆简史》《大学生文献资源利用导航》等都正式出版。每年定期出版《书香东方》馆报等,供全校师生阅读。这些历练使青年馆员的编辑和写作能力有了跨越式提高。

三、学术会。我亲自主持召开了三届黑龙江东方学院图书馆学术研讨会,让青年馆员围绕图书馆发展主题撰写学术报告,并邀请校领导、各高校图书馆馆长、图书馆学专家参会指导。派青年骨干参加图书馆界学术交流活动和学术会议,派部主任参加黑龙江省高校图书馆部主任研讨会。在馆内组织学术讲座,选题全部在图书馆领域,讲座以多媒体课件形式展现,内容丰富多样。这些学术活动扩展了青年馆员的知识视野,使他们及时掌握图书馆领域的最新动态,极大提高了青年同志的学术见识。

四、参评奖。随着图书馆队伍科研能力的增强,十几年间图书馆的科研成果可谓硕果累累。仅 2012 年至 2016 年,青年馆员就先后获得了黑龙江省图书馆学会、黑龙江省高校图书情报工作委员会、黑龙江省高教学会等省级科研成果奖 10 项。

五、派进修。为了提高青年馆员的知识储备和业务能力，我陆续派青年馆员到黑龙江大学、哈尔滨工业大学、北京大学以及上海、成都、大连等地参加进修、培训，学习中外文编目、数据库理论等图书馆学专业知识，使青年馆员的专业水平和业务能力有了显著提高。青年馆员张红岩不仅晋升为副研究馆员，2018年还成为黑龙江东方学院最年轻的副馆长，挑起图书馆业务的大梁。

六、争创新。我一贯提倡青年馆员要结合图书馆工作多搞创新，积极鼓励青年馆员开阔思路、大胆创新。副研究馆员田禹实现了索书号和条码号一体式书标，这一大胆改革曾在《大学图书馆学报》上进行介绍。以往为新生办借书证需要等待教务处的学生号，新生办证提速服务将学生号改为学生的身份证号码，学生开学就可用借书证借书。还有图书馆微信服务、读书征文可获得学分、"二十五德图"创意等创新举措。这些创新不但提高了图书馆的服务水平，也增加了青年馆员的自信心和获得感。

十二年来东方学院图书馆学术建馆的举措，大大提升了图书馆队伍的科研能力,让黑龙江东方学院在图书馆界科研领域有了一席之地。通过学术建馆,对青年馆员进行培养和任用,针对个人特点分配不同工作,发挥每个人的特长,并给青年馆员压担子,将回溯建库、创建新借阅室、指导大学生读者协会、图书馆向新校区搬迁等重大任务都交给青年馆员负责。老部主任退休后,大胆起用青年同志担任部主任,给他们提供充分的发展空间。在十二年里,15名青年馆员中有7名同志晋升为副研究馆员。馆委会成员和五个部门主任都是青年馆员。为黑龙江东方学院图书馆创建了一支由青年人组成的有生队伍。

建 馆 舍

图书馆建筑往往是一个学校的标志性建筑,也是学校的一大美丽景观。很多学子在毕业多年后最不能忘怀的是大学图书馆。我当馆长的时候正赶上高等教育大发展、学校扩招、学校都在建新馆的大好时机。1981年黑龙江大学建成6800平方米的新馆。刚建成时,在黑龙江高校中还算不错,馆舍可容纳藏书60万册。到了 20 世纪 90 年代,藏书达到 100 万册,图书馆严重饱和,扩建馆舍势在必行。经研究,学校决定在原馆基础上扩建 14200 平方米,扩建后的新馆达到 23464 平方米,要求我给出新馆功能设计任务书。扩建的新馆将老馆包在里面,形状是一个"出"字。为了建好新馆,我和副馆长与基建处姚工程师到大连理工大学和北京农业大学(现为中国农业大学)考察。回来后又组成图书馆五人小组,我和书记带领副馆长、馆长助理、馆办公室主任一起到沈阳、北京、宁波、上海考察馆舍及家具设备。在此期间,完成图书馆功能设计任务书和图书馆布局,以及家具、书架布局图。经过两年扩建,2001 年新馆建成。经过搬迁,于 2001 年 9 月 26 日正式开馆。此馆为四层建筑,里面的阳光大厅十分宽敞明亮,是黑龙江大学里很漂亮的建筑。我给它归纳为:头戴博士帽、知识帆船挂两边,下有七十二根柱子支撑着,象征孔夫子的七十二贤人把知识宝库支撑起来。图书馆的阳光大厅还接待过俄罗斯国家杜马主席,在此举行过赠书仪式。怪不得当时主管图书馆的副校长丁立群教授风趣地称图书馆为"霍公馆"。

2004年我退休后又被聘到黑龙江东方学院图书馆任馆长，又赶上了建新馆。原图书馆9600平方米，是一座四层长方形建筑，使用功能为图书馆和教室双功能。2008年，根据学校招生规模，馆舍面积不达标。黑龙江东方学院已是"万人大学"，教育部要求生均图书馆面积2.3平方米，1万人应为23000平方米，相差1万多平方米。学院院长赵奇教授预见到黑龙江东方学院发展势头良好，要建一座3万多平方米的图书馆。预留了近1万平方米的空间，这说明赵院长是很有远见的一位院长。为落实学院建3万平方米图书馆的要求，根据经验，我很快就提出新馆功能设计任务书(见《图书馆工作四十四年》一书)。建馆之前我参观过日本、新加坡高校的图书馆。他们的图书馆都是现代化图书馆，紧跟时代潮流，已成为数字图书馆。学院也考察了上海浦东图书馆，该馆是按这一模式设计的，与我们想象的图书馆一拍即合。新馆由五层组成，每层都是一个大开间，其三、四层通透，每层都是一个知识共享空间。学生进馆犹如徜徉在书海里。三、四层由书山、书墙和阶梯组成，学生可以坐在阶梯上看书或休息。从内部看，整个图书馆是一座圈楼，内部阳光大厅宽敞明亮，每层由各种知识空间组成。电脑无处不在，Wi-Fi无线上网，还有休息空间、咖啡吧、音乐吧，各种体验中心供学生学习、实践使用。新馆的设计理念是：东方神韵，智慧殿堂；书山书墙，东方书房；手机电脑，数字登堂；学习交流，职业导航；绿色舒适，文化传扬。正可谓，天堂的模样就像一座图书馆。要想建好一座现代化图书馆，必须与时俱进。我率领馆长助理、采编部主任、技术部主任、培训部主任到上海浦东图书馆、上海交大图书馆、杭州图书馆学习考察，通过调研，不仅培养了年轻人，还与浦东图书馆陈馆长、上海交大图书馆陈馆长、杭州图书馆褚馆长结下了深厚的友谊。我与几位馆长的友情和一些趣事，将在趣事篇里叙述。

队 伍 建 设

馆员是图书馆最重要的资源，图书馆开展的一切活动和工作都离不开馆员的劳动。因此，重视馆员队伍建设是馆长的一个首要任务。我当馆长的时候，正赶上图书馆专业人员青黄不接的年代。在图书馆工作的老一代知识分子退休和落实政策,一部分老馆员回到教学单位。图书馆里来了一批转业兵和学校中层干部家属,他们文化水平不高,一般借还书还可以,开展深层次服务不行。怎么办?首先办图书馆学培训班,在图书馆学专业中专班的基础上组建黑龙江大学图书情报学系。不仅为本馆,还为全省图书馆培养了大批专业人员。其次把馆员送到北京大学图书馆学情报学系进修,先后派了3人到北大学习。20世纪90年代,图书馆陆续分配来了本科生,经过培养,我大胆起用来馆工作的本科生,让他们担当部主任。通过几轮全馆业务学习和培训,提高了图书馆馆员的业务素养和专业技能,适应了图书馆为教学科研服务的要求。做馆长工作使我深深认识到,图书馆作为知识和信息开发、存储、传播的阵地,要求图书馆馆员既要有扎实的专业基础理论知识,又要有深厚的其他知识和文化素养,知识既要专又要博。只有具备较全面的知识结构才能适应当代科学不断发展、不断分化又不断综合的趋势。在各项业务管理中,图书馆馆员必须以一定的

发展篇

17

文化知识为底蕴,找出各学科之间相互联系及对应的关系,才能适应各种变化,及时调整自己的知识结构,使自己较快具备适应能力和工作能力。为此,我始终注重青年馆员专业方面的培养,使他们尽快成长为图书馆的专业馆员。

现代化图书馆的核心是人的现代化,图书馆人是决定图书馆服务水平的重要因素。为此,图书馆应着力从以下几个方面加速专业队伍建设。

其一是加强职业信仰教育。图书馆工作人员精神风貌、工作态度的好坏,服务意识的强弱直接影响服务效果。因此,我十分重视对馆员进行职业信仰教育,使他们有荣誉感和幸福感。加强政治思想教育,培养馆员的事业心和责任感。人的政治思想素质直接影响着工作热情和工作质量。图书馆的工作既复杂又单调,工作人员待遇又偏低。尤其是在 20 世纪 90 年代,图书馆各方面工作都在深化改革,对工作要求不断提高。在这种情况下,不具备较高的政治思想素质是很难安心于图书馆工作的。我紧紧抓住了学校实施职业道德工程这一机会,采取大会学习、小组讨论、个别谈心等多种形式加强政治思想工作,努力调动全馆人员的积极性、主动性和创造性,培养其事业心与责任感,共同深化改革,为图书馆事业走出低谷而努力。图书馆开展的"图书馆周""优质服务月"等一系列优质服务活动使广大馆员崇尚自己的职业,树立"干一行、爱一行"的思想。举办学术研讨会、演讲,给从事图书馆工作时间长的馆员颁发荣誉证书,宣传榜样,学习先进等活动,使图书馆人充分感受到自己所从事的职业的价值并产生工作的积极性。

　　其二是注重提高馆员的业务素质。图书馆采取了派专业人员到发达国家进行学习访问、考察,到国内名牌大学进修或培训,到本校图书馆专业进修、培训和进行在职技能与业务培训等方式,以加强对专业人员的培养,提高馆员的业务素质,为此我制定了"跨世纪人才培养方案"。为了推动图书馆馆员业务素质的提高,1994年,我在图书馆率先提出并开始实施图书馆"跨世纪人才培养方案"。该方案要求馆员根据学校重点学科的基本内容,掌握该学科所开设的课程、使用的教材,掌握图书馆所收藏的该学科国内外相关文献,掌握该学科的必读参考书目,能够借助各种工具书对非馆藏的资料进行推荐,对该学科的核心文献如数家珍并将其准确地提供给学科带头人。此方案旨在提高图书馆专业人员业务素质的同时,培养出一批为重点学科服务的文献专家。在这一方案的促使下,图书馆的一批年轻馆员不断努力丰富和完善自己,如青年馆员王洪滨、赵桂荣、闫春梅、徐春燕、洪艳霞和丰敏等都成为图书馆的专业骨干,王洪滨、赵桂荣后来还成为黑龙江大学图书馆馆长。同时,该方案的实施在开发馆藏资源、提高馆藏质量等方面都起到了积极作用。

　　我时刻都在鼓励馆员参加各种学术会议和学术研究活动,对学校和省、地市图书馆学会以及省级各类课题申报都要积极参与,并要结合本职工作撰写论文或发表著作。黑大图书馆老馆员陈玉芳完成《古籍线装丛书子目索引》一书,王玉杰完成《30年代期刊篇名索引》一书,孙赫杰完成《特色文献题录》(内含三种索引)一书,田书兰完成《解放前文献要目总览》一书,这些著作都是由黑龙江人民出版社出版的,在当时产生了一定的影响。到黑龙江东方学院以后，我仍使用在黑大培养图书馆专业人才的办法，把黑龙江东方学院图书馆青年馆员培养起来。经过十年工夫，把田禹、张红岩、李英春、杨以明、殷洁、胡婷、芮怀楷等青年馆员培养成副研究馆员。

制定发展目标

无论是在黑大图书馆还是在黑龙江东方学院图书馆，我都根据学校发展目标制定图书馆发展目标。首先制定五年发展计划和十年发展规划，按发展目标落实年度工作目标，逐年发展，一年上一个台阶。

黑龙江大学图书馆"九五"工作规划

一、指导思想

以为教学科研服务为宗旨，坚持"读者第一、利用第一、效益第一、优化服务"的办馆方针，充分发挥图书馆的教育职能和情报职能，为实现图书馆工作的现代化，使图书馆成为全校文献信息中心打下基础。

二、基本目标与任务

1. 加强馆藏建设,保证重点藏书,建立我校重点学科文献保障体系。

①在资金到位的情况下,年进书量最低应达 3 万册,五年要达 20 万册,到 2000 年总藏书量控制在 120 万册以内;按 5000 个读者人均拥有图书 200 册,人均年进新书 5—6 册;中文现刊最少达 2000 种,外文现刊最少达 1000 种,学术性期刊平均每个专业达 30—50 种。按上述规划,补充 20 万册中外文图书约需 430 万元,补充到 3000 种中外文期刊约需经费 530 万元,也就是在"九五"期间我馆总书刊经费需要 1000 万元人民币,折合到每年约需 200 万元人民币。

②在"九五"期间要建立我校三级重点学科文献保障体系,即图书馆文献资料中心和系资料室。文献保障体系为:各级重点学科(含博士点)的藏书达到或接近完整级水平,校级重点学科(含硕士点)的藏书要达到或接近研究级,其余学科的藏书要达到大学级。

③加强采购协调,避免重复浪费,实现资源共享。"九五"期间加强对全校图书资料的管理,建立校查目

中心。随着计算机在各图书馆的广泛应用,实现地方乃至全国资源共享已成为可能,要彻底抛弃"大而全"的观念,把资源共享落到实处。

2. "九五"期间要全面实行计算机管理。

1995年成立自动化工作小组,负责开展本馆的自动化工作人员培训。1995年初在采编部门率先实行标准化微机管理,同时开展数据库的建库工作,同年完成本馆自动化网络的调研、论证及具体实施工作,所需软、硬件全部安装到位。1997年至2000年为试运行阶段,在此阶段要完成相关的数据库建设。到2000年图书馆自动化系统将实现全部功能,并达到设计要求及预期效果。

按上述规划,总投资额根据不同方案约为50万—100万元。

3. 深化读者工作,不断加大为教学科研服务的力度。

调整藏书布局,完善以内阅为主、外借为辅的藏书体系,扩大阅览座位,充实阅览书刊。

全面实行优质服务,为教师与学生提供一个良好的学习环境,如挂牌上岗、微笑服务。要求馆员熟悉馆藏,向读者推荐图书,对学科带头人及骨干教师提供预约借书、送书上门等特需服务。

加强参考咨询工作,要在发挥教育职能的同时注重对情报职能的发挥,要对重点学科和高科技的开发提供主动的高质量服务。

4. 馆舍不足是阻碍图书馆发展的关键。

图书馆现有馆舍已严重饱和,到目前为止有 7 万余册图书打捆堆积,对学校教学和科研产生了较大的影响。因此,"九五"期间筹建图书馆新馆已迫在眉睫,根据我校长远发展需要,新馆建设面积应在 1.5 万平方米以上。

5. 加强专业队伍建设,培养跨世纪人才。

我馆专业队伍的学历结构及职称结构偏低,知识结构不够合理,直接影响了图书馆业务工作的深入,因此在"九五"期间图书馆专业队伍建设要从以下两方面做起:一方面在提倡自学的同时,加强职工的在岗培训;另一方面继续落实图书馆"跨世纪人才培养方案"。在"九五"期间要培养若干名学科文献专家,来带动图书馆整体服务水平的深入,从而使图书馆的工作人员在职称结构上接近学校制定的教学一线教师的职称结构:在学历上,具有本科学历的人员比例要达到80%,并且要有硕士研究生学历人员;在知识结构上,要消除死角,馆员具备的专业面要能覆盖我校的所有专业。

6. 不断深化改革,以改革推动各项工作的进步。

①继续实施工资承包方案,修订、完善业务考核指标体系,使其更具有可操作性,并在实际工作中认真贯彻执行。

②作为业务部门,馆员的工作与所具备的职称脱节是图书馆界长期存在的问题,因此,定岗、定编、定职,实行按职聘任制是我馆"九五"期间的改革重点。

7. 提倡学术研究,加强科研工作,实现科学办馆。

认真计划本馆业务学习,每年召开一次馆内学术研讨会,不定期召开业务研讨会;要求具有高级职称人员每年必须在二级以上刊物上发表一篇本专业论文;积极组织馆员参加国家、省、市各级学术活动,并支持馆员申报各级科研项目。

三、实施"九五"工作目标和任务的措施

1. 根据"九五"规划认真制订各年度计划,并做到有计划、有措施、有总结。

2. 积极争取学校对图书馆的支持,特别是在馆舍建设、自动化工作及图书经费上应给予倾斜。

3. 每年召开一次校图书馆信息委员会,汇报图书馆工作情况,接受监督。

图书馆作为学校的重要组成部分,其发展关系重大,因此我们有决心在校长的直接领导下,在全校各部门的支持下,通过全馆同志们的共同努力如期完成"九五"规划。

黑龙江东方学院图书馆"十一五"规划
总结及"十二五"规划要点

在学院的正确领导下,图书馆圆满地完成了"十一五"改革与发展规划。为全面贯彻与落实学院"十二五"发展定位规划,为实现学院第二次创业和贯彻学院中长期发展目标,特制定图书馆今后五年发展定位规划要点如下。

一、图书馆状况简介

学院十八年奇迹般的创业史,铸就了图书馆跨越式发展的四个阶段和五项重要标志。

建院十八年,图书馆经历了四个阶段:

1993—1995年筹备阶段,学生共享社会文献资源,给学生办理临近的黑大图书馆和市图书馆的借书证;

1995—2000年初期起步阶段,从设置图书馆建制到购买书刊、流通阅览,藏书达2万册,现刊240种,期间从1998年开始微机管理,呈现出规模虽小、起点较高的特点;

2001—2005年,进入新馆舍,面积扩大、收藏增加,开始了快速发展阶段;

2005—2010年,图书馆实现了"五部一办"建制,配备了馆长行政秘书,图书馆工作稳步推进,一年上一个台阶,实现了大发展阶段,由一个小型图书馆上升为条件现代、功能齐全的中等规模图书馆。

五项标志:

(一)独立馆舍落成并投入使用。2000年10月10

日破土,2001 年 8 月 21 日竣工,2001 年 9 月 26 日正式启用,建筑面积 11000 平方米。刚成立八年的一所小规模专科学校就拥有 11000 平方米独立馆舍,这是一项标志,一项奇迹,也预示了未来的发展。

(二)收藏了较为丰富的文献资源。现在已有中外文纸质图书 90 万册,期刊 1000 多种,报纸 83 种,电子图书 40 万册,CNKI 中国学术期刊数据库,EBSCO 外文期刊数据库,读秀知识库和网上报告厅,个人数字图书馆,库克数字音乐图书馆。图书馆做到了书刊兼备、虚实并举、载体多样、文献齐全,从数量上来看,不仅具备了为本科层次服务的条件,而且跻身国内民办高校的前列。

(三)实行开架管理,微机运作。成立了图书馆工作委员会和大学生读者协会,实现了学院广大师生共同参与图书馆管理的现代化管理。图书馆书刊都实行开架借阅,建立了具有教学型图书馆特色的教参借阅室;电子阅览室已有 200 个机位,图书馆的全部工作都实现了微机化、网络化管理。

(四)建立了图书馆各项规章制度,组建了以资深馆员和青年馆员为骨干的管理队伍,创新地开展了各项服务。图书馆人员精干,凭着"东方精神",在人手少、任务重的情况下,实现了高入藏率、高分编率、高借阅率和高阅览率。

(五)图书馆面向全院学生开设了文献信息检索与利用选修课,一月一次博学讲堂,扩大学生知识面;三月一次的"书香东方"小报宣传图书馆;一年一次的大学生读书征文活动可获得学分是一项新创举;图书馆俄文、日文编目数据达到国家标准,编目数据可以上传到国家数据中心,标志着图书馆的业务水平达到了国家水平。为配合"2009年版人才培养方案",图书馆编辑了《大学生导读书目》发给新生使用。

通过以上活动,同学们为深入理解教学内容、为完成作业、为写论文、为拓宽知识面而到图书馆来,说明图书馆已参与了培养学生知识能力、素质教育的过程。体现了"高等学校图书馆的工作是学校教学和科学研究工作的重要组成部分"的性质,也体现了图书馆的价值。走进了"对每个学生来说,培养过程离不开图书馆"的阶段。

五项标志概括为：独立的馆舍全部投入使用，丰富的馆藏资源，现代化的管理，创新的服务，"东方精神"和科学管理得到充分体现。五项标志表明了图书馆与学院其他部门一样实现了跨越式、奇迹般的发展。

图书馆的快速发展是学院领导重视并给予较大投入的结果，也是与兄弟单位和个人的大力支持与无偿捐赠分不开的。

二、图书馆"十一五"发展定位目标完成情况

"十一五"期间，图书馆经过五年的努力，全面完成了"十一五"规划的各项任务目标。

（一）构建东方学院教学型图书馆文献信息保障体系

根据东方学院涵盖经、法、文、理、工、管六个学科门类，29个专业，定位在教学型，培养应用型本科专门人才。图书馆收藏图书按专业和课程体系，建成以专业图书为基础，以重点专业图书为特色，兼顾一般藏书的教学型图书馆藏书保障体系和具有东方学院特色的藏书体系。完成纸质图书90万册，电子图书

40万册,共计130万册的既定目标。期刊1000种,报纸83种,开发了网上丰富的各类文献资源。

(二)完成机构设置与人员编制

根据图书馆服务功能和任务要求,图书馆设立了五部一办,五部即采编部、流通借阅部、教学参考部、信息技术服务部和培训部。办公室设行政秘书1人(兼职),采编部6人,流通借阅部7人,教学参考部5人,信息技术服务部4人,培训部1人(兼职),馆长1人。开辟了博学讲堂、教学参考借阅室、阳光书屋、温故书屋、新书阅览室和教师阅览室。

(三)队伍建设实施了人才培养方案

图书馆新馆落成后,陆续有16名本科生来馆工作,对这部分青年馆员的培养迫在眉睫。在"十一五"期间,实施图书馆人才培养计划,即派青年馆员为我院9个学部跟踪服务计划。首先将青年馆员分配到每个学部,开展跟踪服务。一是了解每个学部教学用书、开设课程,二是了解该学部用书要求,掌握该学科前沿文献出版动态, 提供及时准确的跟踪服务。"十一五"期间,每位青年馆员都取得阶段性成果,同时密切

结合工作实际开展课题研究,共完成省教育学会课题
1 项,学院课题 6 项,正在完成省教育厅项目 1 项。共
同编辑出版了《读书做人与成才——古今中外名人名
言集》一部,共同编辑出版了以东方学院"2009 年版
人才培养方案"为指导的《大学生导读书目》。11 位青
年馆员中有 8 位晋升中级职称。

(四)建立和完善了图书馆各项规章制度

随着各业务部门的确定,建立了图书馆和各部门
的业务范围、细则和各岗位职责。完成了东方学院文
献资源采购工作条例、各语种文献编目条例,建立了
各岗位考核管理办法。确立了"科学民主、制度严明、
学术建馆、创新服务"的办馆理念。形成了"精神、智慧
与服务"的馆训和馆徽,鼓励馆员去创新服务。完善了
管理和监督机制,加强廉政建设,严格防止不正之风
干扰,坚决杜绝了腐败现象滋生。

(五)完成东方学院图书馆与哈南工业新城共建
图书馆的可行性研究报告,为建立 2.5 万平方米新馆
制定了使用功能任务书,为建立东方学院开放式、教
学型、现代化图书馆制定了发展蓝图。

三、图书馆"十二五"发展定位规划要点

学院"十二五"的发展定位是教学型、综合性大学,学科专业定位为本科专业将涵盖经济学、法学、文学、理学、工学、管理学6个学科门类。2020年后拟增设教育学、农学两个学科门类专业,办学层次定位为以本科教育为主。"十二五"末期拟增设食品工程、英语、俄语硕士教育层次;办学形式定位为全日制学历教育与非全日制学历教育;办学规模定位为全日制本科教育,在校生1.2万人左右;办学功能特色定位为培养应用型、职业型人才为主,实现普通高等教育的教学、科研、社会服务的三大功能;办学水平定位为办成国内一流民办普通本科高等学校,融入中国高等教育的主流行列。

随着学院多学科发展、办学层次提高和学生与教师数量增多,图书馆必须与学院同步发展。在藏书数量与质量、网上文献资源开发、服务设施与水平、特色建设等方面都要有明显发展和提升。在图书资源建设中既抓馆藏实体资源建设,又大力发展数字图书馆。本着书刊并举、文种齐全原则,既重视文献资源积累,又

突出特色建设,形成充分为教学、科研服务的具有明显教学型、应用型特色的馆藏体系。努力开展多种层次、多种方式的创新读者服务工作,提高馆藏利用率。抓住我院在哈南工业新城建校机遇和建立2.5万平方米新馆舍的时机,把新馆建设好、规划好。"十二五"期间使馆藏实体文献达到130万册,将实体文献资源与虚拟文献整合好,打造东方学院数字图书馆。努力使图书馆成为适应学院发展,有较高程度的科学管理水准,具有明显特色,国内一流的民办高校图书馆。

(一)文献资源建设

今后五年年均进新书8万册,到2015年纸质图书达到130万册,电子图书达到50万册;重点补充原版图书,英文10000册、俄文20000册、韩文10000册,期刊达到1500种,报纸100种。

(二)每年所需经费及经费使用方案(预算350万元)

1. 中外文纸质图书270万元。

2. 期刊报纸30万元。

3. 电子图书数据库40万元。

4.办公设备10万元,如有不足另立项申请。

(三)队伍建设

努力探索适应民办院校中等规模图书馆队伍建设方案。我们虽然是中等规模图书馆,但服务面宽,面向学校多类学科、多种语言类专业,学生数量达到12000人。藏书达到120万册。要求扩展和优化资深馆员和青年馆员为骨干,老中青相结合;为学院教学服务的专业人员较齐备,专业队伍逐步年轻化。没有一支高素质的专业队伍,提高服务质量是不可能的。为满足加速文献采集、整序和全方位开馆要求,图书馆队伍必须扩大。现有专业人员23人(包括馆长1人,合同制工人6人)。"十二五"期间专业人员应扩大到30人。扩建的队伍可从黑大信息管理学院聘用硕士2人,充实到培训部,为全校开设文献信息检索课;聘用韩语专业本科生1人, 负责韩语采编与图书借阅工作;从本校聘用食品专业本科生1人、建筑工程专业本科生1人、人文专业本科生1人、机电工程专业本科生1人,从事按专业定向跟踪服务,成为图书馆未来的学科馆员。面向全校提供情报和高级参考咨询服务,为 2.5 万平方米新馆落成和创建一流民办大学图书馆打下坚实的基础。

(四) 推进东方学院图书馆 2.0 网站的开发与应用,将数字图书馆推向新阶段

依托于图书馆 2.0 的先进技术,结合我馆的实际情况将图书馆 2.0 理念应用于我馆,整合图书馆电子资源,建立一站式检索平台,极大程度地方便读者使用图书馆电子资源;优化 OPAC(联机公共目录查询系统),使读者可以评价资源、分享资源,也便于图书馆根据读者的意见进行决策;设立虚拟参考咨询台,通过实时参考咨询和离线参考咨询的方式,把图书馆的服务延伸到工作时间之外,实现真正的 24 小时服务;开设图书馆博客、图书馆论坛,使图书馆和读者之间建立充分的互动,使图书馆变成没有围墙的课堂,真正实现"馆人合一"。

(五)馆舍

现图书馆建筑面积 11000 平方米,实际只有四分之一的馆舍是按图书馆标准建设的,四分之三是教室改建的。说实在话,是一个不合格的图书馆。现在藏书

已严重饱和,有27000多册赠书尚未开箱,还有部分中文图书打捆存放。各借阅室阅览座位已被图书占领。扩建图书馆迫在眉睫。学院在哈南新校区拟建2.5万平方米图书馆,这一计划是东方学院第二次创业品牌,是奠定东方学院基业的重大工程。图书馆工作人员保质保量完成新馆功能设计任务书,合理布局打造东方学院馆舍亮点,使之成为全国一流大学图书馆建筑。

(六)建立和完善图书馆的各项规章制度

结合学校岗位设置说明书,完善图书馆的各项岗位职责、岗位工作标准、岗位聘用条件和岗位考核管理办法,实现图书馆科学管理。坚持"科学民主、制度严明、学术建馆、创新服务"的办馆理念,用馆训"精神、智慧与服务"来要求馆员,做到把"东方精神、智慧服务"贯彻到对全院师生服务中去,一代一代发扬光大。创新服务,完善管理和监督机制,加强廉政建设,严格防止不正之风干扰,坚决杜绝各种腐败现象滋生。

"十二五"是我院"二次创业"的关键时期。做好

"十二五"期间图书馆的发展与定位及六个方面工作，对于奠定学院发展基业是非常重要的。我们一定要按所定目标，实现国内一流民办普通高校目标对图书馆的要求，把东方学院图书馆办成国内一流民办高校图书馆。

改革篇

采 编 改 革

　　黑龙江大学图书馆最早的改革是改革采购制度,提高采购质量。我们早已发现图书采购工作中存在采购脱节现象和片面采购图书等问题,并采取措施给予解决。提出"图书馆采购方案",先交馆内讨论,经校图书馆委员会审查通过。从 1984 年起,图书馆下放了各系报刊订购权。1986 年,图书馆试行了馆系联合采购图书的管理办法,即拨一定经费给各系资料室,由各系资料室同老师根据教学科研的需要及时采购部分图书。这样可以弥补图书馆购书周期长的不足,保证了教学科研的急需用书,同时也提高了采购图书的质量。1987 年 5 月,我馆与哈尔滨师范大学建立了文科专款、贷款采购与协作关系。这在当时是一项很大的改革,为文献合理布局、资源共建共享开辟了一条新途径。这部分图书订购由微机管理,使图书采访工作日趋完善。接着对采编部实行定额管理。为提高工作效率,我们在采编部进行定额管理、承包制的改革试点。1983 年 6 月,编目部门开始实行定额管理。在以后的几年里，采编部不断总结定额管理的经验教训，使该项工作不断完善。1988年，我们又在采编部进行承包试点，试行弹性工作制，这种管理方式受到了馆员的欢迎，激发了他们的积极性，使分编的速度大大提高。据统计，采编部工作效率提高了近42%，不仅使原来积压的图书分编完，分编人员还有精力改编采用《中国科学院图书馆图书分类法》的图书，缩短了新书到馆与读者见面的时间。对分编弹性工作制和承包制的做法，我还在《大学图书馆通讯》（现《大学图书馆学报》）上进行报道，受到同行们的好评。

读者服务改革

流通部变革了原有的服务方式。为了方便读者，流通部改变了管理方式。1983年以前，流通部只有一个借还书口。1984年，为了方便读者，将一个借还书口调整为社科、理科、外语、特藏、小说五个借还书口，大大提高了图书利用率。1985年，外文借书处实行双轨借阅，既可内阅，也可把书借走。

加强了信息咨询工作。我馆从1982年就建立了文献检索室,1984年成立了参考咨询部,使读者教育逐步走向正轨。1985年举办了"语言文学文献检索""哲学文史工具书""图书分类""如何利用图书馆"4个专业性讲座,以及"历届研究生招考的回顾及今后的展望""当代女大学生"等5次讲座活动。1986年参考咨询部在信息交流、动态服务中打开了新局面。我们定期举办的社会信息发布会、报告会受到了教育部高等学校图书情报工作指导委员会的肯定,并在《大学图书馆学报》上报道了我们的工作情况。

机 构 改 革

为适应改革的新形势,图书馆进行了几次部门调整。1982年以前,图书馆下设机构一直是采编、流通和期刊几个部门。随着图书馆事业的发展,为了进一步适应学校教学、科研的需要,对图书馆业务工作进行了细分,对科级机构进行了全面调整。1983年图书馆成立了阅览部,1984年图书馆成立了参考咨询部和采访部。1987年,我们购进了一台"苹果机"(黑龙江大学图书馆第一台计算机),成立了技术服务部。

1997年，随着图书馆对馆员业务素质的日益重视及各系资料室人员业务培训的需要，又成立了业务辅导部。由于部门的细化，各部门的工作更加具体、规范，提高了工作质量，使得图书馆的工作更加适应学校读者的需求。

人事制度改革

随着部门的调整，推出了图书馆人事制度改革方案。由于新馆面积的扩大，开展业务任务增加，图书馆人员也必须增加。经过与学校反复研究与协商，确定图书馆业务人员编制为98人，清扫员与门卫18人，并决定通过全校招聘的方式补充人员。为此学校下发了《关于黑龙江大学图书馆人事制度改革方案》（黑大校发〔2001〕5号文件），文件规定：图书馆业务人员固定编70人、流动编28人、临时编18人。根据文件精神，学校首次提出图书馆业务人员有两种编制：一种为固定编，一种为流动编。这在当时学校的改革力度下是前所未有的。学校要求图书馆实行全员聘任。在聘任过程中我们反复酝酿，并做了大量的思想工作。

首先将图书馆的 70 个固定编通过全馆不记名投票的方式,按得票多少排出名单,张榜公布,最后确定下来。这一步比较好做,难的是被确定的 28 个流动编怎么安置。28 个流动编的人员中,除个别被调整到其他部门外,大多数在原岗不动。向全馆讲明政策:今后按工作表现,一个学期表现好的转为固定编,表现一般的仍在流动编,同时还有固定编表现不好的可随时转到流动编。这项改革产生了激励机制,还给人以希望,对两种编制的人都有压力,使图书馆产生"能者上,庸者下"的工作新局面。临时编通过招聘解决。这样就把图书馆的人员编制问题解决了。

考核与奖励办法改革

从 1984 年起,我们就对业务考核及奖金发放办法给予了充分的重视。首先组织全馆业务考核,同时改革了原来的奖金评比办法,由以考勤为主改为以考核工作数量和质量为主,并成立了考核领导小组。1986 年,我们又修订了奖金发放办法,全馆工作人员由各部主任按考核条件评定出等级,全馆平衡,设特等、一等、二等、三等奖。1987年，我们在原有考核办法的基础上又做了进一步改进，采取了奖金与考核直接挂钩的办法。走两条线：一条线是考勤，一条线是考绩。按德、能、绩三方面打分计算，同时设立了年终奖，包括满勤奖、技术革新奖、科研奖、全年工作先进奖。这样真正体现了奖优罚劣、奖勤罚懒，大大调动了全馆工作人员的积极性。1988年，在制定全馆工作人员岗位责任制的基础上，我们进一步完善了考核办法，即按分评定奖金等级，但在定岗、按职务要求方面还有待进一步制定更科学、更实际的办法。1990年，在业务考核方面，我们又有了新的突破。年初，各部门分别制定业务考核标准。上半年进行了全馆范围的业务质量水平大检查，对每个人都进行评定，评出优、良、中、差。下半年，我们开展了"优质服务百日竞赛活动"，成立了一线、二线考核小组，对每个人进行严格考核及认真评定，最后通过笔试考查大家对图书分类、图书目录、读者工作、藏书建设等理论的掌握程度。这一活动的开展，对全馆工作人员起到了极大的促进作用，馆员的业务能力、理论水平均有明显提高，这一时期的业务考核已趋向制度化。

政治思想工作改革

1981 年到 1991 年，这十年是改革步伐较快的一个时期。形势的发展、改革的触动使馆员在思想上也反映出较多的问题。为了保证改革的顺利进行，我们加大了思想工作力度，充分发挥党组织的作用。20 世纪 80 年代初，我们大胆发展了一批老知识分子入党，盖世田、王永安、朱桐年、王淑君、李琼芬等同志都是在这个时期加入了党组织。他们的入党鼓舞了全馆的老同志，使更多的同志放下思想包袱，积极团结在党组织周围，投入到图书馆的改革中。1984 年，由于图书馆党员数量增加，改革中的思想政治工作量也随之增加，图书馆建立了党总支。为图书馆改革发展保驾护航，图书馆党总支挑起了更重要的担子。为加快图书馆改革步伐，我们充分利用政治学习、业务学习的时间，结合形势学习政治，结合工作学习业务，提高馆员的思想政治和业务水平，担负起服务育人的责任。我们在馆员中开展讲文明用语、向北京百货大楼售货员张秉贵学习的活动。同志们学习业务,练习基本功,提高了服务水平。我们的政治思想工作是党政工青一起抓。为了提高服务质量,我们曾开展"三育人"活动,即教书育人、管理育人、服务育人,收到了较好的效果。如团支部积极倡议并开展了"优质服务、读者第一"的竞赛活动。这项活动的开展使得以青年馆员为主的书库管理工作有了很大的起色:库内书架整洁,拒借率降低,无读者时工作人员不扎堆闲谈,主动找活干、主动修补图书的现象逐渐增多。

加大改革力度,不断开拓前进

加大改革力度,不断开拓前进,图书馆发生了巨大变化。

精简机构,减员增效。从 1992 年开始,我们着手精简机构,将图书馆原来的八部一办精简为六部一办。将采访部与编目部合并为采编部,采编实行一条龙管理,改变了以往采编脱节、工作量不满、人浮于事的状况,工作人员由 15 人精减到 12 人,充分发挥了专业人员的作用,工作量有了显著提高;取消了业务辅导部，办公室同时行使业务与行政的双重职能；将技术部改为文献技术开发部，加强了文献利用及有关技术的开发工作。1999年，我们根据读者需求，同时亦为了加强内部工作的协调与管理，又将1992年图书馆设置的六部一办改为四部一办，流通部和阅览部合并为流通阅览部，咨询部与期刊部合并为咨询期刊部，文献技术开发部更名为文献技术服务部。2001年3月20日，随着新馆的落成及图书馆试开馆，图书馆根据自动化、网络化需求，对部门机构进行了再次调整，改为五部一办，即文献资源建设部、文献资源借阅部、文献资源开发部、系统部、技术服务部、行政和综合办公室。

1993年初，在学校确定馆级领导基础上，我们实行双向选择、两级聘任制，即馆长聘任部主任，部主任聘任工作人员。首先馆级领导确定各部主任指数及责权，然后进行各部主任招聘，同时对应聘的部主任认真考核，由馆长向被聘的部主任亲自签发为期两年的聘书，并决定两年后对部主任进行一次全面考核和重新聘任。馆部两级领导共同组成图书馆委员会，共同研究制定各部门的编制及各岗位的业务要求。定岗定编后，我们张榜公布，然后在全馆范围内进行优化组合、双向选择，实行全员聘任。通过优化组合，共有6名同志落聘，占全馆人数的12%，其中本科生3人，专科生1人，这在当时图书馆人员职称和学历不高的情况下震动很大。但在这次聘任中，我们严格以工作为标准，以个人实际表现为依据，因此，落聘人员均表示服从决定。这也给全馆人员敲了一个警钟：不勤奋工作、只有学历没有能力或在工作中不充分发挥主观能动性的人都将在改革大潮中被淘汰。图书馆的人事改革力度由此也可见一斑！

2001年，以业务改革为目标，我们再次进行人事制度改革。首先，我们十分注重广泛宣传人事改革思想，使馆员欣然接受人事制度改革对自己的挑战。在图书馆扩建闭馆期间，我们将重新聘任的想法通报给大家，使"不尽力工作就会被淘汰出局"成为全馆工作人员的共识，使大家感到压力的同时，能自觉、自律地去学习和提高业务本领。其次，在完成对部主任的重新聘任后，由馆级领导、部主任及工会主席组成了图书馆聘任小组,在借鉴兄弟院校图书馆经验、结合本馆实际的基础上,进行定编定岗,采取固定编与流动编相结合的方式引入竞争机制。再次,在馆员中广泛宣传,重新修订了岗位责任制及业务要求,让大家有充分的时间去给自己定位。最后,通过"自报岗位—考核小组综合评价—择优聘用"这一方式进行双向选择。这次全员聘任,做到了能者上、庸者让、劣者下,真正起到了鼓励先进、鞭策后进的作用。

实行一系列人事制度改革后的图书馆发生了巨大变化,各岗位的工作质量明显提高,工作职责明确,消除了人浮于事、互相攀比的现象;工作人员增强了危机感,已被聘人员如不努力工作,仍存在随时被解聘的可能性,因此工作态度有了明显改变,改变了以往工作出工不出力的状况,工作由被动向主动转变,积极性有了显著提高;由于实行了双向选择的聘任制,领导工作亦得心应手,避免了行政命令带来的种种弊端。这一轮改革收效很大,受到了学校领导的认可,我也经受住了重大考验,并在改革中得到了很大的锻炼。

文化篇

馆徽、馆训、馆服、办馆理念

  我国公共图书馆归属国务院文化主管部门和各省市文化主管部门领导，图书馆属于文化事业单位。当然，大学的图书馆更是文化建设的重要部门，大学图书馆的馆长必须重视图书馆的文化建设。我认为一个图书馆应有自己的馆徽、馆训、馆服，这是一个图书馆的文化标志。黑龙江大学图书馆是省属重点大学图书馆，还是黑龙江省文科重点大学图书馆，因此更应具有自己的文化特色。于是我发动全体馆员根据我馆特色设计馆徽和馆训，借新馆开馆之际，还为每个图书馆工作者设计了馆服。

  首先，由馆长提议，馆委会通过设计馆徽，并向全校师生发出征集广告，之后评出几个设计方案。经过几上几下、几次筛选，最后选中图书馆美工金哲镐设计的方案。它是一枚圆形徽章，里面镌刻着龙图字样，象征着黑龙江大学图书馆是黑龙江省高校龙头图书馆，飞腾的"龙"字构成图书馆的内涵，代表着昂扬向上的龙马精神。

图 1　黑龙江大学图书馆馆徽

　　馆训是"读者第一、服务至上",代表着黑龙江大学图书馆人"一切为了读者、为了一切读者、为了读者一切"的办馆服务理念,体现了高校图书馆为学校教学科研服务、为全校师生服务的永恒追求。全体工作人员身着馆服,面对师生彬彬有礼,微笑服务、文明服务的精神充分得到体现,成为黑龙江大学的一道亮丽的风景线。

　　办馆理念的产生和确定。根据自己当馆长多年的工作经验,好像有一种无形的东西萦绕在我的心间。头脑里逐渐形成一种思想,在指导我的图书馆工作,那就是"科学民主、纪律严明、学术建馆、优质服务"。要想办好一个图书馆，馆长要有一个好的办馆理念，必须遵循图书馆的科学规律，在决策方面必须发扬民主，集中大家的智慧，调动大家的积极性。面对图书馆这样一个大的集体，还要有"铁的纪律"，大家要共同遵守，在纪律面前人人平等，要求别人做到的必须首先自己做到。学术建馆是根据《普通高等学校图书馆规程》中提出的图书馆是为学校教学科研服务的学术性机构。图书馆作为学术性机构让我马上想到了学术建馆，在20世纪90年代初提出"学术建馆"也是一个创新。既然大学图书馆是为学校服务的学术性机构，那么服务当然要做最好的服务，这就是"优质服务"的提出。我在黑龙江大学工作时率先提出了这一办馆理念，自己一直遵循这一办馆理念，并努力付诸实践。

到黑龙江东方学院当馆长后，我仍然十分重视图书馆文化建设。结合民办高校图书馆的特点和实际，我对办馆理念做了修改，改为"科学民主、制度严明、学术建馆、创新服务"。办馆理念中两句话的改变是根据办好一个图书馆，特别是民办高校图书馆，首先要把各项规章制度建立起来,大家依章办事,严格遵守执行,馆长更要以身作则,带头遵守各项规章制度;优质服务不变,但要不断创新,以适应数字图书馆建设需要,跟上新技术发展的新时代。

为黑龙江东方学院制定馆徽和馆训。馆徽内涵以中国图书馆学家杜定友发明的汉字"圕"为主要元素,口字框部分变形为大写拼音字母"D",同时又以大写拼音字母"F"作为书的形象与之重叠在一起,寓意为黑龙江东方学院图书馆藏书具有深度和广度。

图2 黑龙江东方学院图书馆馆徽

馆训为"东方精神、智慧服务"。"东方精神"包括对党的教育事业的赤诚,对东方至真至爱的情怀,恪尽职守、无私奉献的精神,创新进取、敢为人先的胆识,严谨、务实、求精的工作作风,锐意开创、艰苦奋斗的敬业精神;概括起来体现在黑龙江东方学院"团结、奉献、创新、笃实"的校风里。"智慧服务"一方面指"东方人"的聪明才智、知识技能本身不能等于智慧,但智慧决定了掌握知识、技能熟巧的速度和所能达到的程度;另一方面是指千方百计为学院教学科研服务是图书馆永恒不变的主题。服务是图书馆一切工作的出发点和归宿。"东方精神、智慧服务"是东方学院永远的追求和奋斗目标。

黑龙江东方学院图书馆的办馆理念是"科学民主、制度严明、学术建馆、创新服务"。《现代汉语词典》(第7版)对"科学"的定义是"反映自然、社会、思维等的客观规律的分科的知识体系",对"民主"的定义是"指人民所享有的参与国家事务和社会事务管理或对国事自由发表意见的权利"。"科学民主"在图书馆层面讲,就是科学地按图书馆发展规律办事,听取全体馆员的合理化建议,决策民主化。"制度严明"就是将图书馆一切工作纳入规章制度管理,用制度管人和事。"学术建馆"即把图书馆的一切服务,从文献采编到文献资源的开发利用,从教育职能与信息服务到图书馆的自动化、数字化管理都应纳入学术研究范畴,纳入科研轨道,立好每项研究课题,写好每一篇文章。"创新服务"即创新是图书馆一切业务工作的灵魂,也是图书馆人不断追求和图书馆事业发展的强大动力。

举 办 展 览

无论在黑大还是东方学院,我十分注重馆内的文化建设。每年都举办以图书为内容的大型展览,如开展校园主题征文、学生读书征文心得、暑期社会实践活动、勤工俭学活动等展览;学生作品展览包括学生自拍摄影展览,展示自己的生活照、艺术照。这些展览中,让人印象最深、影响最大的是展示了"文字的历史"和"古代图书之最"。这两次展览为图书馆文化建设打下了良好基础。中国文字演变与书法艺术:中国最古老的文字——甲骨文,青铜时代的文字——金文,秦代标准字体——小篆,今文字开端——隶书,结构完美的字体——楷书,笔势生动、直抒性灵的字体——草书,点画萦带、体势流美的字体——行书。我国古代文学图书之最：我国第一部语录体散文——《论语》，我国最早的一部诗歌总集——《诗经》，我国第一首长篇抒情诗——《离骚》，我国第一部水文地理专著——《水经注》，我国第一部词典——《尔雅》，我国第一部科普作品——沈括的《梦溪笔谈》，我国最大的丛书——《四库全书》，我国古代最大的百科全书——《永乐大典》，我国现存最早的一部官修兵书——《武经总要》，我国最早的传记文学——《史记》，我国最早、字数最多的字典——《康熙字典》共收录汉字47035个，我国古典四大名著——《三国演义》《西游记》《水浒传》《红楼梦》。以上图文并茂的展览让广大读者在书的海洋里潜移默化地受到了中国文化的熏陶。广大师生对中国绘画史展览和我国古代科技史的展览也产生极大兴趣，这些展览受到广大师生的热烈欢迎。

创意"二十五德图"

中国传统美德"厚德载物、上善若水"是中国文化的集大成者。我创意了"二十五德图"。厚德载物的"厚德"到底有多厚？现在有人概括为二十五德。二十五德用文字表述如下。

一、口德。得饶人处且饶人：1. 直话可以转个弯说；2. 冷冰冰的话可以加热了说；3. 批评人的话一对一地说，要顾及别人的自尊。

二、掌德。赞美别人，学会鼓掌：1. 每个人都需要来自他人的掌声；2. 为他人喝彩是每个人的责任；3. 不懂鼓掌的人，人生太狭隘；4. 一赞值千金；5. 给别人掌声其实是给自己掌声。

三、面德。不给面子是最大的无礼：1. 中国人最讲究的是面子；2. 任何时候，给对方一个体面的台阶；3. 看破别说破，面子上好过；4. 伤什么，别伤人面子；5. 千万不要揭人老底。

四、信任德。生性多疑的人不可能有真朋友：1. 被人信任是一种幸福；2. 有多少信任，就有多少成功的机会；3. 疑人不交，交人不疑。

五、方便德。与人方便，自己方便：1. 请主动坐里座；2. 与人方便，自己方便；3. 在他人最需要的时候轻轻扶一把；4. 为对方着想，替自己打算。

六、礼节德。有"礼"走遍天下：1. 彬彬有礼，方能魅力四射；2. 礼多人不怪。

七、谦让德。锋芒毕露者处处树暗敌：1. 切忌锋芒毕露；2. 放下身段，降低自己；3. 勿在失意者面前谈论你的得意；4. 人前勿张狂，人后别得意，为人应低调。

八、理解德。人人都渴望他人的认可：1. 理解，就是给人方便；2. 理解一般人不能理解的事；3. 换位思考，替别人着想。

九、尊重德。把别人的自尊放在第一位：1. 努力使人感到他的尊严；2. 给弱者的尊重更可贵；3. 真正的高手好像平平常常；4. 地位越高越不能轻视别人；5. 把别人放在心上。

十、帮助德。关键时刻，谁不希望有人拉一把：1. 无私胜有私；2. 你的好，别人是会记住的。

十一、诚信德。无信不立，狡诈者必无朋友：1. 诚信为本，重诺守信；2. 诚信深入人心，成功接踵而至；3. 失去诚信，百事不可为；4. 任何理由都无法解释自己的失信。

十二、实惠德。空头支票，万万开不得：1. 许之以利,晓之以理;2. 不以利益大小亲疏你的朋友;3. 尽可能满足对方的欲望。

十三、虚心德。让别人显得高人一等:1. 要一点含蓄,要一点谦逊;2. 虚心万事能成,自满十事九空;3. 虚心求教,成就大业。

十四、欣赏德。使别人拥有优越感:1. 渴望被欣赏之心人皆有之;2. "高帽子"的成本最低;3. 要及时肯定别人的长处。

十五、感恩德。不感恩,就别指望有下次:1. 感恩,是一种歌唱生活的方式;2. 及时感激, 切莫等到花儿都谢了;3. 感谢你的对手。

十六、援助德。雪中送炭,危难之中现真情:1. 别忘了买人情原始股;2. 当别人危难时伸手援助;3. 援助人时要让对方乐于接受。

十七、激情德。这个社会沉闷者太多:1. 成功需要激情;2. 开朗热情, 坚冰可融;3. 用100%的激情去实现1%的可能。

十八、形象德。使自己的形象成为一流品牌:1. 名誉比金钱更珍贵;2. 好形象容易获得认同与喜爱;

3.你的形象价值百万。

十九、爱心德。爱像春日的阳光:1.永存仁爱之心;2.仁爱之人,易获他人合作。

二十、笑脸德。没人会拒绝真诚的微笑:1.愿微笑之花开遍人间;2.微笑是人际交往的钥匙;3.用微笑轻松应付对手的挑衅;4.微笑着挣钱。

二十一、宽容德。容不下别人,是因为自己太狭隘:1.以容忍改变能够改变的;2.宽容为怀,赢取人心;3.学会原谅别人的过失;4.有时,良好的关系是忍出来的。

二十二、合作德。资源共享,利益均沾:1.合作是最有效率的借力方法;2.合作才能双赢。

二十三、善良德。没有人不想与善者为伍、为邻、为友:1.为善者可服人;2.勿以善小而不为;3.善待每一颗心;4.美德,生命中最闪光的部分。

二十四、倾听德。多看多听,少开口:1.会倾听者得人心;2.倾听是最好的恭维。

二十五、宽恕德。感谢所有折磨你的人:1.恕人之过,方显大家本色;2.和为贵,责人不可太严;3.让仇恨之树长出宽恕的鲜花。

　　依据二十五德的文字描述,完全可以用图像的方式表达出来二十五德。这个创意由我首先提出来。我参考中国古代有"二十四孝图",图文并茂。"二十四孝图"教育了我们老一代人,现在应有"二十五德图"教育我们的子孙后代。经过与馆内同人研究,根据二十五德的文字描述,设计出"二十五德图"初稿,然后征得学院艺术设计学部老师意见进行修改,几易其稿,最后在学院主楼大厅进行展示并进一步征求意见和修改。"二十五德图"引起院报编辑孙川老师的注意,他认为这对传统道德文化的传承很有意义,特别是我院东方精神就是"立校为公,厚德树人"。这对当代大学生理解"厚德"的内涵有重大帮助,对弘扬社会主义核心价值观有着深远的现实意义和历史意义。孙川老师在院报上详细介绍了"二十五德图"。随后,我们把"二十五德图"展览活动推送到《中国图书馆学报》进行了报道,还在网上向大学生读者协会推送。"二十五德图"的创作前言写道:地势坤,君子以厚德载物。如何厚德?能否德行统一?结合黑龙江东方学院的实际,我们创造性地把二十五德内涵制作成图文并茂的作品集，便于大家更好地将二十五德执行于实践当中，愿"二十五德图"能带给广大读者以德泽育人、利善大美的图示享受。二十五德图文简，由外到内德相连。人生修为德相伴，东方之德新纪元。愿"二十五德图"代代相传，教育一代又一代人。

环 境 设 计

　　文化是一个民族的灵魂。从甲骨文到我们现在应用的汉字，无不浸透着中国的文化。图书馆被誉为大学里文化的殿堂、知识的海洋。图书馆里无处不充斥着中国文化。这样，图书馆的设计和建筑形态以及内部结构、图书布局无处不在地代表着中国文化。图书馆内部的书山、书墙、书房，各种知识空间以及设计、摆放都要体现出中国文化元素。图书馆墙面上的绘画、书法，张贴的每一幅图画、文字都应包含着中国文化元素。图书馆阳光大厅、展览大厅的壁画，从甲骨文、竹简、繁简汉字到数字登堂的文画展更要代表着中国文化。

图书馆文化中心展示

图书馆的门厅、阳光大厅、走廊、各大阅览室,凡是有读者经过的地方,都要体现图书馆的文化中心建设,应充分让图书馆变得生动起来,每层楼必须体现一体化布局。这个文化中心的打造不是简单地挂几幅艺术品,而是需要结合大学特点去解读与提炼,展示不同的艺术形式、创造技法、文化价值和艺术精神,体现艺术欣赏与文化传播的职能,最终达到化烦躁为沉静的效果。书山、书墙、书房相连,馆内文化氛围的设计,文化氛围的营造,要求图书馆在各个环节上都要考虑文化元素,例如在家具的颜色搭配和装饰物的选择上要注意到文化氛围的营造,又如在家具的摆放细节上要考虑到图书馆文化建设中装饰美和色彩美的展现。装饰美体现了图书馆的文化内涵和教育特色,主要体现为庄严典雅、简洁朴素。馆内软装饰,如大厅中的纪念性雕塑、雕画、浮雕,馆内功能区的字画、壁式灯具、标识字体等,与图书馆素雅和谐的内墙装饰共同构成新颖、美观、大方和具有人文气息的文化氛围,使读者进入图书馆就能感受到装饰美所带来的愉悦。图书馆的室内装饰可与建筑装饰相结合,例如阅览室与书架用小盆栽来装饰,不仅赏心悦目,同时也带来很好的美学效果。色彩美是现代化图书馆装饰美的重要元素。色彩美包括室内墙壁色彩与地面色彩的协调、家具色彩与整个阅览室空间环境的协调、壁挂和浮雕与墙体色彩的协调、门窗与窗帘色彩的协调、室内照明与视觉的协调等。总之,图书馆要通过色彩搭配使环境美起来、亮起来、雅起来、新起来,对读者产生向心力、凝聚力和吸引力,满足读者的心理需求,这一切都是图书馆文化的力量。

交 流 篇

国 内 交 流

　　为国内高校图书馆学习交流搭建平台。1988年，哈尔滨地区高等学校图书馆学会成立。黑龙江大学图书馆在黑龙江省高校图书馆界具有重要地位和影响力，又坐落在哈尔滨市，哈尔滨地区高校图书馆需要有一个学术交流平台。我们于1998年年初着手与哈尔滨市科学技术协会(以下简称市科协)联系，申请成立哈尔滨地区高等学校图书馆学会。作为民间组织，学会必须有政府批准的挂靠单位。当时省里有黑龙江省图书馆学会，其挂靠在省科协和省社联，哈尔滨市有哈尔滨市图书馆学会，挂靠在市社联，没有挂靠在市科协，这样就为我们申请哈尔滨地区高等学校图书馆学会提供了挂靠单位。我们的申请很快就获得批准，我成为哈尔滨地区高等学校图书馆学会的理事长。从学会成立至2003年这15年间，利用这个平台，学会共举办了学会年会15次，结合不同时期、不同特点，针对不同的理论与实践问题进行学术征文与研讨，举办了乒乓球赛15届、象棋赛15届、排球赛5

届。通过以上各种活动，不仅大家得到了学术交流，还增进了各馆之间的友谊。这对哈尔滨地区高校图书馆之间相互学习交流起到了很大的促进作用。

1988年，黑龙江省高等学校图书情报工作委员会秘书处又设在黑龙江大学图书馆。我利用这个大平台举办了三次东北地区高校图书馆馆长学术研讨会、五次黑龙江省高校图书馆馆长学术年会，重新改组和调整了各专业委员会，修改了各专业委员会章程，进行了黑龙江省高等教育文献保障体系的理论研究，进行了全省高校图书馆自动化评估。为丰富会员的业余文化生活，还举办了全省高校图书馆卡拉OK大赛、大合唱，以及演讲比赛等活动。以上活动加强了各馆之间、馆员之间的学习与交流。

成立全国地方综合大学图书馆协作网，搭建全国同类大学图书馆学习交流平台。1995年，我在校报上看到有全国地方综合大学协作会，大学校长每年可以聚在一起进行学习，交流各自大学办学经验的报道。当时我就想，我们高校图书馆的馆长也应有这样一个平台。我就找到时任国家教委条件装备司图书情报处的李晓明处长，他是主管全国高校图书馆的，请示可否建立全国地方综合大学图书馆协作网，并将其作为全国地方综合大学图书馆的交流学习平台。在征得李晓明处长同意后，我就与当时的杭州大学图书馆馆长高跃新、湘潭大学图书馆副馆长彭道杰、宁夏大学图书馆馆长张向东等联系，大家一致赞成我们的意见，成立全国地方综合大学图书馆协作网。1996年12月12日，全国地方综合大学图书馆协作网成立暨首届馆长会在黑龙江大学召开。时任国家教委条件装备司图书情报处李晓明处长到会祝贺，全国地方综合大学图书馆的20位馆长参加会议。会议通过了协作网章程，启用了协作网公章，部署了协作网今后一个时期的工作任务。协作网成立之后，先后在杭州大学、宁波大学、湘潭大学分别召开了馆长学习交流会，对全国地方综合大学图书馆的发展起到重要推动作用。

国 际 交 流

访问俄罗斯国立图书馆和伊尔库茨克大学图书馆

1992年春天，我率黑龙江大学图书馆代表团访问了俄罗斯国立图书馆和伊尔库茨克大学图书馆。代表团由我和图书馆党总支书记田丽娟、馆员孙赫杰三人组成。这次访问分两段进行。首先由哈尔滨乘火车到伊尔库茨克,访问了伊尔库茨克大学图书馆,受到了图书馆馆长的热烈欢迎。我们和伊尔库茨克大学图书馆馆长是老朋友了,之前她访问过我们学校,黑龙江大学与伊尔库茨克大学是友好学校。馆长带领我们参观了图书馆,并与各部主任进行业务交流、一起合影留念。访问过后,馆长很热情地开车带领我们到贝加尔湖游览,欣赏了贝加尔湖的湖光美景。一路观看了原始森林、安加拉河,为俄罗斯美丽的大自然风光所陶醉。相传贝加尔湖是一位很严厉的父亲,安加拉河是他的女儿,由于她在爱情方面没有听从父亲的劝告,被严厉的父亲从贝加尔湖给赶了出来,形成今天的安加拉河。安加拉河就是贝加尔湖的一条支流。

然后从伊尔库茨克乘飞机飞往莫斯科。根据两馆协议,这次访问俄罗斯国立图书馆要举办图书展览和进行学习交流。结果出海关时遇到了麻烦,用于展览的图书被海关扣留,原因是所带图书是俄侨文学和中

当馆长那些事

东铁路方面的俄文书,应有审批手续。经图书馆国际交流部主任与海关周旋,海关才把图书交还给我们。第二天国立图书馆馆长(副部级)会见了我们。上午双方会面,各自介绍了图书馆的情况和这次访问的目的,我们很快对这次展览会举行、参加人员、与会学习交流达成了协议。他们招待我们的午餐很是简单,不像我们中方那么复杂。下午参观图书馆和走访各业务部门。第三天举办图书展览和学习交流活动。上午举行展览开幕式,我和俄罗斯国立图书馆副馆长伊古姆诺娃(国际图联主席)分别致辞,并赠送礼品,接着举办图书展览。这次展览有关中东铁路的图书文献,引起了与会者的极大兴趣。黑龙江大学保存的中东铁路资料和俄侨文学作品首次在俄罗斯国立图书馆展览。这批资料俄罗斯国立图书馆都没有,更显得极其珍贵。参加这次活动的还有中国驻俄使馆文化参赞、俄罗斯历史学家(他们很久以前曾到过哈尔滨)。学习、交流活动气氛十分热烈,交流中,他们很羡慕中国的改革开放,还让我介绍中国改革后的新变化。当时,他们国家刚刚解体,很困难。偌大一个国家图书馆连一辆专用小汽车都没有,只有一辆旧的邮政车。通过这次访问达成如下协议。1. 发展文化交流与合作: ①在哈尔滨建立高校俄语教学参考资料中心; ②在莫斯科建立汉语文献中心; ③互相开展书刊展览活动; ④交流书刊及其他物品; ⑤互相订购杂志、报纸。2. 开展书刊馆际互借,在黑龙江大学建立俄罗斯国立图书馆和哈尔滨地区图书馆互借中心。3. 开展哈尔滨地区高校图书馆与俄罗斯国立图书馆的学术交流活动。为迎接 1996 年 IFLA(国际图书馆协会联合会,简称"国际图联")大会在北京召开,我们共同协商,拟定题目,达成一致的协议。这次访问还参观了莫斯科大学图书馆,参观了莫斯科红场、俄罗斯无名烈士墓。之后又到圣彼得堡观光,参观了冬宫、涅瓦大街、普希金博物馆。

访问美国的大学图书馆和 OCLC

　　1995 年 2 月 8 日—26 日,受省教委的委托,我同高教处处长王明志、哈尔滨医科大学图书馆馆长赵慧晨组成黑龙江省大学图书馆馆长代表团, 对美国芝加哥约翰·马歇尔法学院图书馆、哥伦布市俄亥俄州立大学图书馆、纽约哥伦比亚大学图书馆、纽约州康奈尔大学图书馆和 OCLC（联机计算机图书馆中心）进行学习、考察和交流。虽然时间不长，但由于是针对同类型业务联系紧密的部门进行学习与交流，所以这次访问十分成功。学习交流给我留下了深刻印象，我从中受到了不少启发。这次访问对黑龙江省大学图书馆的自动化建设，特别是电子计算机网络建设是十分有益的。

当时，约翰·马歇尔法学院图书馆自动化、网络化在几年前就建立起来了，而且与芝加哥市所有文献中心联网，与美国 OCLC 也连在一起，查找资料十分方便。通过电脑、电话、电子信箱，能够十分迅捷地告诉读者所需要的资料在什么地方，马上提供原文服务。该图书馆有 50 多台 IBM 计算机供学生使用，全天候为学生提供法学文献资源的检索与利用服务。该馆有 1400 种杂志检索采用了光盘技术支持。

俄亥俄州立大学图书馆是由 26 个图书馆组成的俄亥俄州大学电子计算机联网中心，也是当时世界上最新、最先进的网络中心。这主要是因为他们研制了 OCLC 的中小计算机软件系统。OCLC 是从俄亥俄州立大学独立出来的世界最大的计算机网络中心之一。其技术和设备是由俄亥俄州立大学研发的。大学图书馆采编部实现了自动化管理，在采购上废除了我们现在的手工圈划订购，转而采用美国书刊公司发行的订购书目软盘。这种软盘不是购入的，而是靠电子计算机终端与国际图书发行部门订购连接，直接显示在图书馆计算机屏幕上。采购人员查重后，要订什么书，在计算机中列出清单，传递给书店或发行部门，他们就会送书上门，而不用采购人员去取。新书到馆后，编目人员将书目信息输入计算机。因为图书馆早已有 OCLC 编目，所以可以直接使用。如果该书在 OCLC 上还没有编目，这时编目人员可以给予编目，并通知 OCLC，其他馆就可以共享编目数据了。这样可以节省大量的编目人员。

我这次到美国专访了 OCLC。OCLC 位于俄亥俄州首府哥伦布市郊外，成立于 1967 年。当时有 54 个俄亥俄州成员馆，是一个合作性的计算机化地区性网络。OCLC 四个字母最初代表 Ohio College Library Center，到 1971 年其业务范围大大超出了俄亥俄州，扩大到全国大学图书馆、公共图书馆、专业图书馆及国外一些图书馆。1981年正式改为现在的名字，并在英国设立欧洲办事处，成为美国最大的全国性与国际性网络系统。澳大利亚、英国、芬兰、墨西哥、美国与德国等国家的图书馆都使用OCLC联机系统。当时世界上48个国家和地区的20000个图书馆使用OCLC联机系统，中国上海市图书馆已使用OCLC光盘系统，OCLC用户通过终端设备可以检索到网络内信息数据库中贮存的2500万条书目记录，30亿个馆藏地址。1994年有2260万本图书和其他资料通过OCLC编目系统编目，610万人次的馆际互借通过该系统完成。1991—1992年，OCLC系统的年收入已达9500万美元。访问时，OCLC有820名雇员，OCLC执行办公室主持一切业务，有主任一名。除附属执行办公室的计划与研究室以外，另有5个部门：行政服务部门、计算机设备部、发展部、财政与业务计划部和用户服务部。有关决策和预算事项由理事会负责，理事会由15人组成，其中包括理事长1人，商务、法律及财务人员5人，图书馆界人员3人，其余6人来自用户委员会。在用户部门中设有亚洲服务中心，主任是一位华侨，他负责中国、日本和朝鲜的用户服务。

俄亥俄州立大学校园网和校际图书馆网。俄亥俄州立大学采用的模式是 OhioLINK，校园网分布在学校内。控制中心即学校的计算机中心（现改为网络中心），学校的主要机器都集中在此。主要机型为 IBM4386、IBM4381、IBM4341、IBM4361，此外还有 HP、DDP、VAX 等机型。对校园网这样复杂的网络进行管理是一个首要问题。网络设计、操作计划会直接影响到网络的可靠性、服务的保密性及适应性。俄亥俄州立大学主要从三个方面保证上述目标的实现：物理控制、管理控制和软件控制。CNS（通信网络系统）专门负责校园内网络设计、安装及维护。CNS 通过设在校园内的 35 个子中心向俄亥俄州立大学 110 个建筑物提供数据传输功能。光导纤维将各个子中心与控制中心紧密连在一起。各中心存取由 CNS 控制，此外 CNS 还要控制和显示每个中心电源的变化。CNS 为每个中心设计一种时钟网络，用表监视和控制温度、湿度、烟尘的变化，以及观察电源是否超出允许范围。任何未经授权的对主干网络通信服务器的存取都是不允许的,如果某个项目需要与主干网络联结,必须由CNS技术人员完成。CNS有一系列的软件工具辅助管理,以保证网络的可靠性。除了以上的物理和软件控制外,管理控制也是一条重要的保护措施,这主要包括制定规章制度、加强人员的培训、合理选择网络产品等方面。

OhioLINK 俄亥俄州一个校际图书馆网络。为了发展统一的图书馆联机网络,1986年俄亥俄州政府决定拨款2000万美元。经过一年的研究论证,提出了名为 Ohio Library and Information System(OLIS)的网络, 最后改为 The Ohio Library and Information Network,缩写为 OhioLINK。参加 OhioLINK 网络的学校包括13所州政府支持的学校,2所独立的州政府支持的医学院和俄亥俄州2所最大的私立学校。俄亥俄州立大学是其中一所学校。OhioLINK 的实施分两个阶段。第一阶段从1991年7月1日开始,有6所学校首先安装了这个系统,并装配网络中心,为期一年完成。第二阶段从1992年7月1日开始,其他11所学校开始安装。现在参加 OhioLINK 网络的学校全部正常运转，并完成资源共享，这极大地开发了这些学校图书馆的资源，提高了文献资源的使用率。OhioLINK 网络是一个三层网络，一层由各校图书馆网络构成，支持各自的数据库和其他所有图书馆功能。用户可以检索其他地区、国家和国际网络的信息资源。如果某次检索没有成功，它可以非常认真细致地对网络上另一节点继续检索 OhioLINK 系统的选择。关于 OhioLINK 系统的说明非常详细，达 242 页，它是系统选择的依据，是指导委员会在 100 多名具有各种经验的人的帮助下完成的。之后指导委员会请了10 多个单位的专家逐条评论，于 1989 年 8 月送给 40多个厂商，最后有 8 个厂商提出了系统方案，并在 OhioLINK 的现场听取意见。1990 年 2 月，指导委员会选出 4 个厂商，并派出调查组进行一系列调查。最后在 1990 年 7 月，其中一个厂商中标，得到 1500 万美元。该厂商负责提供 OhioLINK 中心和各参加单位的硬件和软件(不包括终端机)。

OhioLINK 的成功在很大程度上依赖于州政府资

金和有关机构的支持。OhioLINK 的管理结构如图 3
所示。

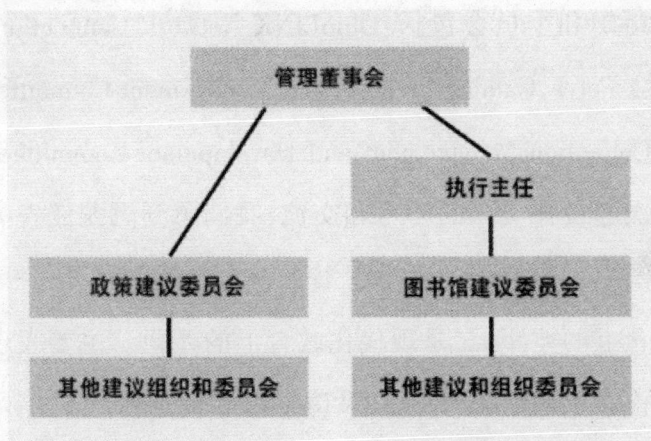

图 3 OhioLINK 的管理结构图

管理董事会由 9 所学校的教务长组成，从 17 所
参与 OhioLINK 的学校中选出，其中 1 人由私立学校
产生，董事会任期 3 年。政策建议委员会由 17 所学校
的成员组成，任期 3 年，其成员包括 4 位图书馆馆长，
3 名计算中心主任，3 名学术领导，2 名系统图书馆馆
员等。他们由学校推荐、管理董事会任命。委员会选出
自己的主席，每隔 2 个月或在需要时，向执行主任提
出关于政策与预算的建议。图书馆建议委员会包括所

有参加 OhioLINK 的图书馆的馆长和一名两年制学院的代表,州法律协会为委员会委员的观察员。其他建议组织和委员会包括:OhioLINK Network Connections Task Force、Catalog Creation and Management Committee 和 Collection Management and Development Committee。这次通过在美国的学习和交流,我们感到黑龙江省高校图书馆与美国的大学图书馆相比差距太大了,一是观念上的差距,二是现代化教育上的差距。主要表现在检索手段、编目手段、采访手段和流通手段仍停留在手工上,还没有进行计算机管理,更提不上网络化。我们需要向美国的先进方面学习,转变观念,跟上时代的发展。于是我们着手策划试点单位,从检索手段入手,选择一两所学校图书馆进行计算机管理的实验,从观念和手段上实现一个飞跃。

率中国大学图书馆代表团访问日本

由日本财团资助,应日本科学协会之邀,中国国际友好联络会和教育部国际交流司组织的中国大学图书馆访日代表团一行 12 人于 2002 年 10 月 22 日至 10 月 31 日在日本访问交流。我作为代表团团长，在日本考察、学习、交流期间，自始至终受到了日本财团、日本科学协会高层领导的热情接待和亲切关照。日本财团理事长笹川阳平和常务理事森田，日本科学协会理事长滨田隆士和常务理事尾原、富山亲切会见了访日团全体成员，双方进行了亲切友好的会晤。日本财团理事长笹川阳平指出，日本财团资助收集日本各界图书并赠送给中国大学图书馆的目的在于通过中日民间交流，提供图书信息，促进中日友好发展。会后与全体团员合影留念。日本科学协会理事长滨田隆士在交流中指出，日本科学协会的宗旨在于促进国内外科技工作者相互友好协作，致力于科学教育与一般文化的发展，以为世界和平做贡献为目的开展活动。同时指出，日本科学协会在日本财团全面赞助下开展工作，自 1999 年 7 月开始从事"有效利用教育研究图书"项目。日本科学协会每年 5.7 亿多日元经费中有 1.2 亿以上用于开展此项目，足以证明日本财团对项目的重视。截至当时共赠送给中国大学 40 万册日文图书。

我作为代表团团长代表全体成员感谢日本财团和日本科学协会高层领导亲切会见，并以中国 10 所大学所有读者的名义,感谢他们给中国大学赠送教育科研图书。并指出,赠书项目和人员的访问,与同行面对面的交流,向日本图书馆学习先进经验,无疑为中方加深了解日本文化、增进中日相互了解、促进中日友好开辟了良好道路。

这次访问开展了图书馆学、情报学方面的研讨。我代表中方做了《中国大学信息素养教育发展》的演讲,日方做了《论日本著作权法》的报告。参加者为中日高校、赠书项目的协作单位及科技与文化界有关人士,滨田隆士致开幕词。两国高校代表对报告进行了热烈的讨论,并提出了不同看法。最后日本科学协会常务理事富山致闭幕词。这次访问还开展了图书馆界的交流,代表团访问了早稻田大学图书馆、京都大学图书馆、国立国会图书馆关西馆、大阪市立中央图书馆。我们听取了各馆的介绍,参观了馆舍和具体的业务部门,每参观一次,都与工作人员进行了交流。最后对日本自然、社会、历史、文化进行实地考察。访问并参观了丸善公司(赠书集散地)、富士通公司、箱根美术馆、大寿庄温泉、大涌谷、清水寺、东大寺、金阁寺、大阪环球影城,乘新干线游览了沿途风光;参观了皇宫、银座,品尝了日本和餐,享受了大自然恩赐的温泉,看到了火山喷烟和富士山的奇观;观赏了日本舞蹈,在高楼鸟瞰了东京和大阪的万家灯火、繁华夜景。访日团走一路,唱一路,表达了访日的愉快心情,为一衣带水的邻邦带来了欢乐。同时,我们对日本民族的风土人情有了进一步的了解。

参加2003年在德国柏林举办的第69届国际图联大会

2003年8月3日—6日,我与辽宁大学图书馆韩丽华、齐齐哈尔大学图书馆卢亚东馆长一起赴德国柏林参加第69届国际图联大会。这次大会的主题是通往信息、知识与文化的门户。这次参会的有131个国家,4582名与会者。柏林被选为本次图联大会举办地具有特别的象征意义,这里曾经是冷战时期两大阵营对峙的前沿,一堵柏林墙把这座城市分割为两个世界。柏林墙的拆除和德国的统一标志着冷战时代结束,而信息技术迅猛发展,似乎也标志着跨越意识形态围墙的信息文化时代的到来。促进信息与知识的自由获取和传播交流,正是国际图联的宗旨,也是图书馆人的光荣使命。

为了参加这次会议,学习交流世界各国的先进经验,本着节省资金的原则,我们在北京集合,乘飞机先到芬兰首都赫尔辛基。飞机飞行约8个小时到达了赫尔辛基。第二天拜访了赫尔辛基大学图书馆,该馆既是大学图书馆,又是芬兰国家图书馆,欧式大穹顶建筑的图书馆由书墙和书山组成,让我们很是开眼界。之后乘大巴直到德国慕尼黑,后到柏林参会。与世界各国图书馆同人交流了图书馆信息开放与获取的先进经验,预示了信息时代的到来,图书馆数字化、网络化离我们这个时代不远了。之后我们还访问了欧洲:访问了意大利米兰、佛罗伦萨大教堂、威尼斯水城;访问了法国巴黎大学、德国法兰克福,参观了卢浮宫、凯旋门、巴黎铁塔;乘车访问了卢森堡、奥地利、荷兰、比利时四国。

在黑龙江东方学院期间三次访问日本科学协会并参加馆长论坛

第一次:2006 年 12 月 4 日—12 月 11 日,我作为中国大学图书馆访日代表团成员访问了日本科学协会。代表团一行 27 人。这次访问注重实效,取得了圆满成功。日本科学协会理事长滨田隆士指出,从 1999 年以来,对中国 24 所大学赠送 151 万册图书(黑龙江东方学院共受赠 76211 册)。这为中国高校教育事业做出了贡献。在日本,我访问了武藏工业大学图书馆、成蹊大学图书馆、芝浦工业大学图书馆、琉球大学图书馆和国立国会图书馆。访问并考察了赠书基地、冲绳首里城、东大寺、清水寺、金阁寺、唐招提寺(鉴真寺)。欣赏并品尝了日本茶道,观赏了日本舞蹈表演,享受了冲绳的大自然美景。感受到了图书馆以人为本的服务理念。

武藏工业大学图书馆的特色在于所有阅览室和书库里的地板、书架、桌椅全部都是木质的。墙壁四周安装木质书墙,中间为木质桌椅。阅览桌上面有一排灯,黄绿色相间,形成美丽的风景线。

成蹊大学图书馆的特色在于整栋大楼的墙体都是由玻璃制成的。图书馆二、三层有许多大玻璃球形的房间,这些房间都有电脑和桌椅,没有纸质图书,是专供学生学习、讨论、交流的场所。我们在外面将读者的活动看得一清二楚。多媒体设备、计算机设备随处可见。学生随处可以通过上网检索自己所需的文献。

各高校图书馆的专业人员都非常少,成蹊大学共有 8 人,纸质图书全部都是自助借还。

第二次:2011 年 2 月 15 日—2 月 22 日,我访问了日本科学协会。中国大学图书馆代表团一行 26 人。这是一次行程紧凑、活动内容丰富、圆满的访问。会见了日本财团理事长笹川阳平。笹川阳平指出,到目前为止,日方向中国的 28 所大学赠书 2375128 册。访日代表团团长、上海海事大学图书馆馆长陈伟炯教授代表中国高校向日本财团和日本科学协会表示感谢。我院截至当时共接收日本赠书 124153 册,在 28 所院校中排名第 7 位。访问期间听取了著名图书馆专家田中功做的《日本大学图书馆现状以及最新动向》的学术报告,受益匪浅。访问了日本国立大学图书馆、日本大学法学部图书馆、大阪关西大学图书馆和同志社大学图书馆。在访问期间,我重点考察了图书馆的建筑和内部结构及布局。日本的大学图书馆建筑外观朴素大方,没有什么奇特造型,而内部功能定位则是将舒适与乐趣囊括其中,并充分加以考究。值得注意的是,我参观的图书馆中几乎都摆放了精美的艺术品,这不仅提高了图书馆的文化品位,也与窗外开阔的视野共同构成了一幅绝美的视觉欣赏景观。当读者出现阅读疲劳时,抬头看看四周的艺术品,走到窗前舒展双臂、远眺窗外,顿时就会心旷神怡,舒缓了紧张与疲倦。这也许就是图书馆给人们带来的家的温馨与惬意吧。图书馆还专门开辟了供读者休闲的长廊,读者可以置身花园美景中尽享文字的魅力。一些读者表示,大学图书馆比家还舒适,地毯、天井、花园,还有漂亮的露台和艺术家的创作。现在很多日本私人家装也开始模仿图书馆的装修风格。真可谓世界上所有美好的可能、宁静的心灵港湾和绿色空间元素都融入大学图书馆中。在日本的大学图书馆我们看到,每层都有玻璃隔断的公共学习空间(Learning Commons)。

第三次：2015 年 6 月 28 日—7 月 5 日，我作为访日代表对日本科学协会(受赠书项目邀请)进行了第四次访问。这次主要目的是参加"中日大学图书馆馆长论坛"。访日团团长、上海交通大学图书馆馆长陈进教授演讲了《对未来图书馆转型与变革的思考》，日本筑波大学图书情报学教授演讲了《信息管理的发展方向》，北京大学图书馆副馆长演讲了《北京大学图书馆迈向世界一流图书馆发展计划》，东京工业大学图书馆馆长演讲了《大学图书馆数字化发展与评估》，等等。通过会议交流，我受到很大启发，对未来图书馆转型有了思想准备。

收获之一：图书馆是一个大的共享空间，即"互联网+知识空间"。

收获之二：图书馆是学生、教师互相交流的好去处。这种接受知识的环境是和谐、舒适的。计算机、BookTree(书树)、橱窗展示、书山、书墙、展览随处可见。

收获之三：图书馆是可以自由讨论的空间，可以用可移动的桌椅，可以组合大小不同的空间。

收获之四：这次研讨验证了图书馆学家阮冈纳赞

说的"图书馆是一个不断生长着的有机体"。"图书馆+教学""图书馆+科研",可以让图书馆增加各种新技术体验中心和各种职业技能培训中心。

收获之五:"图书馆+科研"。利用"互联网+共享空间",让师生利用特色数据库、机构知识库,为教师科研导航。

收获之六:智慧泛在课堂。利用"互联网+MOOC(大型开放式网络课程)""互联网+多媒体文献",让学生有无处不在的课堂学习专业知识、技能和文化知识,提高大学生素养。

收获之七:建立文献资源评级体系。对购买的文献资源进行评估、分析、制作评价模型,自动分析馆藏数据,为学校文献资源建设决策服务。

这次还参观了独特的日本公立函馆未来大学图书馆。该图书馆是一个复合型现代化数字图书馆,即在大楼内有教室,有图书资源中心,有实验中心,有培训中心。这是一种新的一体化模式,目前我国很难效仿。

趣事篇

和宣传部长闹矛盾

这是我当馆长后遇到的第一件事。1984年暑期后,图书馆分配来一名美工,名叫张艳蕾。新馆建成以后,为了加强图书馆美化和宣传,图书馆急需一名美术专业毕业的大学生来馆工作。我们从1982年就打报告申请要一名美工,当年没有批,经过两年的努力,学校才同意从哈尔滨师范大学美术专业毕业生中分配张艳蕾到馆工作。从此黑大图书馆有了一名美术专业人员,负责图书馆新馆的美化和新书目报道与宣传工作。2001年图书馆扩建以后由6800平方米扩大到23464平方米,图书馆的美化布置任务十分繁重。又赶上黑大60周年校庆,仅靠一名美工根本完不成任务。就在这时,党委宣传部长来电话,要把张艳蕾调到宣传部帮忙。当时是我接的电话,我说:"图书馆正在为迎接校庆忙一个展览,能否把这个展览搞完(也就几天)再去?"宣传部长说:"不行,必须马上叫她到我这儿来。"我跟他说:"我们要一名美工,费了九牛二虎之力,等了两年时间,也忙一个展览,能不能等几天?"

宣传部长一听,说:"我这儿是学校,你们先停下来,一刻也不能等。"我一听就火了,当时就把电话给撂了!不好,这下可闯祸了。宣传部长马上给书记打电话说:"霍灿如是不是不想干了,他这种做法是不服从命令。"书记说:"他负责图书馆校庆展览,怕任务完不成。"最后,还是我们妥协,把张艳蕾借给了宣传部。

"谣言来自才书记"

20世纪80年代,图书馆来了一批新人。她们中的有些人喜欢传瞎话,有些传起来影响团结的事就告到馆长这儿来。学校为了加强政治思想工作,让图书馆成立了党总支,把经济系书记才喜同志派到图书馆做专职书记。于是,我们就把问题反映给才书记。他对工作十分认真,与馆员逐个谈话,调查传瞎话的来源,好纠正此风,给大家一个说法。经过几个星期的调查,结果出来了。被调查的几个人异口同声地说:这个瞎话是才书记说的。弄得领导班子人员哭笑不得,最后不了了之。看来馆员的素质很重要。做思想工作还真的要有方法,对不同的人用不同的方法,才能解决问题。现在回想起来，真是冤枉了才书记。

四 条 汉 子

20世纪80年代，中国高校图书馆出了四条汉子。他们是北京大学图书馆馆长庄守经教授、东北师范大学图书馆馆长单行教授、南开大学图书馆馆长来新夏教授和南京大学图书馆馆长吴观国教授。这四位馆长可谓是全国高校图书馆馆长中的领军人物。他们带头改革，依靠教育部，率先成立了全国高等学校图书馆工作委员会，简称为全国高校图工委，彭珮云、李鹏先后担任主任。全国高校图工委成为当时"半官半民"的全国高校图书馆组织，把图书馆的地位提高到在学校中应有的地位。正因为他们四位业绩突出，敢于挑战中国图书馆学会，后被图书馆界公认为四条汉子。

1986年夏天，黑龙江省高校图书馆馆长会召开，黑龙江省高校图书馆工作委员会特邀这四位馆长来哈尔滨。我第一次与他们谋面，听取他们的讲话，从内心里很佩服他们为全国高校图书馆做出的贡献。我记得会后带领他们一起参加哈洽会，观看展览。后来因地缘,与单行馆长接触颇多,一起组建东北三省高校图书馆协作组织,并建立了深厚的友谊。这四位馆长是我永远学习的榜样,对我以后的工作有很大的帮助。

硬着头皮顶,撕破脸皮争

20世纪80、90年代图书馆处在最困难时期。从图书馆人员来说,面临着青黄不接的情况,一大批老同志退休和转岗,年轻的馆员又接不上来。一批退伍青年来到图书馆,成为图书馆劳动的中坚力量,还有一部分家属补充到图书馆人员队伍里来。这时馆长面临着安置这些人员和提高图书馆服务质量的双重任务。被分配来的人员实在不能胜任图书馆工作,怎么办?就得顶住校长的压力。校长也有压力,这些家属不落实岗位,学校就不安定,特别是一些中层干部工作就有后顾之忧。这时馆长就要顶住压力,向校长阐明图书馆是为教学和科研服务的学术机构,里面的工作不是任何人都能够胜任的,能否安排到其他单位。否则图书馆的工作无法开展,影响为教学和科研服务。实在说服不了,就得硬着头皮给顶回去,甚至跟校长说"若是安排到这种不胜任工作的人，我馆长不当了"。

撕破脸皮去争是怎么一回事呢？这就得从图书馆经费谈起。图书馆要开展工作，离不开图书资料，有一句话叫作"兵马未动，粮草先行"。教学科研的先行官就是图书馆资料。那时图书馆的经费每年就几万元钱。我记得到 20 世纪 90 年代末，图书馆还欠新华书店的钱。每年都是借钱买书，书店也知道学校欠不了他们的钱，就赊给图书馆。一连好几年欠新华书店的钱。馆长天天向学校要钱还债，有的时候校长见了馆长都躲着走。当时学校经费也十分紧张。要急了，校长说，给钱买书就得停发职工的工资。学校确实拿不出钱。但是馆长也没有办法，一有机会就跑到校长办公室要钱。因为欠书店钱，人家找馆长说他们的职工也影响开支了。怎么办？馆长就得撕破脸皮去争取资金还债，所以在我当馆长那会儿，谁要想当馆长就得有"硬着头皮顶，撕破脸皮争"的气魄。这已成为当时当馆长的两句佳话和口头禅。

处理青年馆员打架事件

一天,突然听到图书馆走廊有吵架的声音,而且声音越来越大。我走出办公室一看,原来是青年馆员与青年教师扭打在一起。我赶快过去把他们拉开。首先制止住青年馆员,一问起因,是青年教师到还书处还书过期了,青年馆员要按过期罚款,青年教师说罚款能否减一点,遭到拒绝,于是发生口角。年轻人火力都旺,青年教师还说出不尊重馆员劳动的话,青年馆员于是说"你再说不好听的,我就揍你",说着说着就扭打在一起。正是我刚才看到的一幕。我赶紧把青年教师请到我的办公室,好言相劝,息事宁人。我说我们青年馆员刚到馆工作,不懂规矩,我们一定严肃处理此事。青年教师毕竟是老师,说话言辞应有修养,不要不尊重馆员的劳动。经过一番说和,青年教师不再追究了。我又给他讲了图书馆借书的规章制度。当时图书馆过期归还图书按每天 5 分钱计算,过期一个月应缴纳罚款 1.5 元。青年教师在我说明情况后,不情愿地交了罚款。因打架事件在图书馆造成一定影响,我对全体青年馆员进行了爱馆、爱读者的教育,开展"读者第一,服务至上"的图书馆理念教育。虽然读者有些无礼,但我们也应以礼相待,做耐心的工作,决不能动手打人。事后让青年馆员写了深刻的检讨,在全馆大会上进行检讨,以示警告,也为全体青年馆员敲响了警钟。以后图书馆再也没有此类事件发生。

图书馆搞创收

20世纪90年代,国家要发展,各行各业都要发展,发展才是硬道理,一句话,要把经济搞上去。在此期间,到处都需要钱、都缺钱。公共图书馆为了弥补经费不足,提出"以文补文"的发展方略,靠创收弥补资金不足。高校图书馆也不例外,紧跟其后提出改革创收。图书馆如何创收?图书馆具有两大优势,一是文献资源优势,二是人才和技术优势。依据这两个优势,我们成立了哈尔滨高校书刊经销公司。对内它是一个部门,叫文献技术开发部,其人员待遇与其他部门相同;对外开展书刊调剂,代购、代销书刊。这不仅能发挥馆藏优势、方便全校师生,同时还面向社会开展信息服务、技术服务,为图书馆创收。另外,馆内还开辟了多种创收渠道,如办培训班和出租房间等。这样每年能创收万余元。这在当时来说,对调动馆员积极性起了不小作用。用这万余元加大了奖金发放力度,在每月严格考核的基础上加大奖金额度,这在很大程度上调动了全馆工作人员的积极性。

随着改革的不断深入,学校又把职工的工资包干给我们。这样,我们又让一部分人开辟新的工作,把工资交给馆里共同使用,提高了全体馆员的福利待遇,还留一部分资金作为馆长基金和补充馆内经费。创收这件事,十几年过去了,现在馆员们还念念不忘。那时大家得到了十分满意的福利待遇,但是这件事现在看来弊大于利。原因是馆员们把精力都用于副业上了,为教学科研服务成为一句空话。

王佳友赠送一辆金杯面包车

在当时各行各业都搞创收的大环境下,要创收得有人做,从馆内人员来看不得力,怎么办?经馆内研究,从外单位引进一个人——王佳友。王佳友在社会上办培训班,很有一套办法,他主动找到馆里来,想借助黑大优势办班。于是我就同意他借调到图书馆,成立综合办公室,负责办班创收。条件是利用馆舍教室和黑大师资力量,招收省委党校办的学历证书班,同时借助黑大的办班权给出的政策,招收社会上没考上大学的高中生。对王佳友的要求是每年向馆里交部分经费。因当时图书馆没有交通工具,王佳友主动为馆里购买一辆金杯面包车,大约十几万元钱。这在当时哈市高校图书馆除哈医大外都没有自己的运输工具的情况下,也是一件很轰动的事。办班收入增加,为提高图书馆办馆条件提供了有力的支持。这台面包车为解决图书馆运送图书、为大家解决交通工具发挥了一定的作用,从20世纪90年代一直用到2017年报废交给学校。

结识季羡林、张岱年和任继愈老先生

2001年,中国基本古籍库光盘演示暨学术研讨会在北京人民大会堂召开。我有幸受邀参加此次大会。说来也巧，发行《中国基本古籍库》光盘的是北京师范大学图书馆学系倪晓建老师，我们很熟悉。他又是这次会议的组织者之一，负责接送老专家参会。我到北京后和他见面，他就让我负责接季羡林、张岱年和任继愈馆长。我首先乘车去北大燕园接季羡林和张岱年老先生。先是到季羡林家中，只见季老师穿着十分朴素。上车后又去张岱年老师家，张老师年纪较大，拄着文明棍上了车。又到国家图书馆接任继愈馆长。都到车上后，我首先做了自我介绍，互相寒暄几句，我就把他们送到人民大会堂接待室。会上专家们介绍了古籍库光盘发行的重大意义，任继愈馆长介绍了古籍光盘的内容。会后，集体合影留念。因人员较多，只好按每个省会代表与专家和领导合影。因照相时间比较长，最后老先生们都有些吃不消了，但是为了满足大家的要求还是坚持到了最后。通过接几位老先生和参会，几位老先生的风范给我留下难忘的印象。

壶口脱险

2002年我参加中国图书馆学会在西安举办的年

会。开会期间正好遇上在北京大学图书馆学专业一同进修的贺永良同学,他当时是西安市图书馆党支部书记、副馆长。从1982年进修到2002年,一晃20年没见过面,这次来西安开会见了面,久别重逢,十分亲切。会后,大会组织我们参观延安,现在叫红色旅游。贺永良同学为尽地主之谊,特派图书馆的面包车接送我们去延安。一同前往的还有南京市、杭州市、济南市和重庆市图书馆的馆长,共计十几个人。本来会议有大巴车送我们去参观,由于同学的热情,我们就乘他馆的车去了延安。在延安参观了毛泽东、刘少奇、朱德、周恩来住过的窑洞和党中央会议礼堂,参观了延水河旁的延安宝塔,住了一个晚上,参观后返回西安。途径壶口,大家准备看看壶口瀑布。开车司机没有经验,不熟悉路,边走边打听着开车。一路黄土高坡,地势崎岖。司机从来没有走过此路,开车颠簸不稳,有几位老馆长吃不消了,要求开慢点,大家在路上就有些紧张。我坐在司机后面看得很清楚。当汽车开到黄河堤坝上时,正好是下坡,车速很快,下面就是黄河,司机紧张,车速还是慢不下来,大家也越来越紧张。这时，我就听到"轰"的一声响，车翻了，翻在道边一堆石头上。当时我的身体一歪，倒在汽车着地的那一侧，感觉胳膊酸痛不已，手背被车窗玻璃碎片扎破，鲜血直流。大家赶忙从破窗处往外逃出，我最后爬出窗外。坐在车后面的人没有受伤的，只是在车翻时震动了一下。这时只见司机动不了了，他的手被方向盘卡住了。下车的人赶紧求救，正好有辆军车打此路过，把我们一起拉到临镇医院。我的手腕上扎了一条碎玻璃碴，医生取出来后给我缝了3针并包扎好。司机手腕动脉被方向盘卡破了，流血不止，医生处理不了，只能赶快送市人民医院救治。解放军把我们一起送往市人民医院，因其他人没有外伤，解放军同志派车将他们送往市医院做进一步检查，看有没有内伤。我的同学是带队出来的，负责在市医院对司机的手治疗。我虽然有点外伤，但不碍事，所以我决定留下来陪着同学一起在市医院，这样互相有个照应。正好我出差时身上带着的3000元也可以应个急。这样我们在市医院及时给司机做了手术处理，他保住了性命。通过这件事，我的同学也很感激我，我们的友谊又加深了一步，我们患难见真情,成为好朋友。等我回来之后,图书馆张馆长还热情地招待了我。壶口脱险,大难不死,必有后福。在北大进修的同学中,我与贺永良同学仍保持着联系,成为好同学、好朋友,成为忘年交。

丢失 4000 元报刊费

图书馆订购报刊,每年常常有期刊停刊之事。因期刊是交年费,一停刊就得退费。2003 年有几种期刊没到馆,采购人员就问杂志社是怎么回事儿,杂志社的回答是期刊不出了, 已经把款给馆里退回来了,并邮来了汇款单存根。于是采购人员到校收发室查询,收发室工作人员告知汇款单早就给办公室了,因时间关系也记不清楚谁取走了。这件事就引起我的注意,汇款单取走,要是取款必须有单位盖章证明,否则查无对证。怎么办? 必须向学校保卫处报案。报案后,保卫处来人分析说,肯定是图书馆里的人干的,紧接着就召开全馆大会,宣布此事,并交代政策,如主动把4000 元交回来就可以不追究、不处分。会后没有人报案。第二天又来人向全馆宣布,此案已告破,赶快到保卫处交代,否则公布其人并给予处分。白天过去了,仍没有人报案。晚上,我正在家吃饭,电话铃响了,我接到电话一听是个女人局促的声音。她说:"馆长,那4000元在你家门口脚垫下面。"说完电话就挂断了,这时我和我爱人放下饭碗赶紧打开房门,脚垫下面确实放着4000元。按照保卫处宣布的政策,不说出此人姓名,不给予处分。就这样,国家财产没有遭受损失。这件事告诉我们,当馆长的不仅要管人,还要管好图书馆的财产安全。

评 职 杂 谈

我当馆长时期正好赶上图书馆大批馆员评职称,而且评职条件越来越严格和规范。因我担任过省评职委员会的专家,所以对黑龙江省高校图书馆的评职工作接触多些,发现了一些与评职有关联的事。一个是学历要求,评高职必须是本科学历。当时图书馆本科学历人员较少,大专学历(电大的)多些,专科学历评副高就得按破格条件评。按破格条件评的要求一个是工作年限满20年,另一个是学术成果要强。当时评职是和工资挂钩的。本来大家工资就不高，工作几十年的老馆员要获得学历也并不是那么容易的。我就想尽一切办法，给老馆员创造条件。结合工作实际写书并出版。我让负责古籍的老馆员陈玉芳结合工作编写《古籍线装丛书子目索引》，负责20世纪30年代图书的老馆员田书兰编写《解放前文献要目总览》，负责俄文图书的老馆员孙赫杰编写《俄文特色文献题录》。编写完成之后就通过出版社的朋友联系出版。当时出版图书要上万元钱，钱从哪里出？我就想了一个办法，申请丛书号，花一万元，可以按丛书出版同类型多种书，当时起名叫"黑龙江大学人文社会科学文献开发丛书"。花了一万元，出了四种书，而且是省级出版社出版，这几个同志同时拿着自己正式出版的书顺利评上副高。

还有一件事就是修改评职条件。当时黑龙江省图书资料系列评高级职称，除学历、工作年限和科研成果以外，还有一项硬指标，要获得省级科研成果一、二等奖项。评正高要有一等奖一项，评副高要有二等奖一项。这个奖项对图书资料人员来说是很难拿到的。

我就同省评委会的成员商量能否修改这个条件,把省级奖项按各行各业评。省级有自然科学、社会科学奖项,图书资料系列也应有自己的奖项。经研究后,我就带领图书资料评审组专家找到省人事厅职改办,说明黑龙江省图书馆学会每年都开展对图书资料人员成果评奖,而且相当规范,有评奖条例。人事厅职改办负责同志一听有道理,就让我们打报告,申请修改理由,很快我们就把报告呈了上去。第二年省人事厅就下发了修改后的评职条件,同意省图书馆学会和哈尔滨地区高校图书馆学会评的奖项等同于省级奖项。这一修改为稳定图书馆专业队伍,为一批符合条件的馆员晋升高职创造了有利条件,深得广大图书馆专业人员的称赞。这一修改直到现在仍在执行。

看人下菜碟(美国)

1995 年,我同省教育厅高教处处长王明志、哈尔滨医科大学图书馆馆长赵慧晨三人去美国考察大学图书馆,从芝加哥到纽约。有一天我们自由活动,到一家华人餐厅用餐。因王处长和赵馆长都会吸烟,在吃饭时王、赵二位拿出香烟点燃后抽起来。这时饭店老板走过来说,饭店不允许抽烟。王、赵马上把烟熄灭,吃完饭二位到外面去吸了。我留下来付费,老板笑着对我说,你可以吸烟。我开始挺纳闷,饭店不是不允许吸烟吗?原来这个老板是看人下菜碟。因我付费,故一定是老板,可以吸烟。我笑着对他说,真老板(指王处长)走了,我不会吸烟。付完费我就离开了。这件事在我心里留下了非常不好的印象。

在列宁山被骗(俄罗斯)

1992 年 4 月,我与图书馆田书记、馆员孙赫杰(翻译)一同去俄罗斯国立图书馆访问。当时苏联刚刚解体,俄罗斯国内生活用品匮乏。听从俄罗斯回来的人说,俄罗斯运动服和旅游鞋缺乏,于是我们就带了一些,想到俄罗斯换些轻工产品。到莫斯科后,听说在列宁山(地名,又称麻雀山)有这种交易市场。在访问后的自由活动期间, 我们就带上交换物品来到了列宁山。其实这个地方就是有一些卖货摊的交易市场。于是我们就把运动服放在地上进行交易。不一会过来一个俄罗斯男人,看到我们有运动服,就说都要啦。说着拿出 100 美元交给了孙赫杰。按货价应找给他 10 美元,当时美元兑换人民币是 1:10。我在给他找钱时,只见那个俄罗斯人拿上运动服马上就离开了,我追上前去把要找的钱给了他。转眼他就上了等他的小汽车,车一溜烟飞快开走了。之后,我和孙赫杰才发现我们上当受骗了,这 100 美元是假币。

煎饼与大葱

2004 年 11 月 20 日,哈尔滨的高校老馆长聚会。正好哈尔滨体育学院王书元馆长从山东出差回来,他向我们讲了这次出差在山东吃了煎饼卷大葱,吃得可香呢!讲煎饼如何薄,大葱白又长又嫩。说得我们都馋了。这时服务员把餐巾纸用小盘盛着放在桌上,之后又端了一盘卷成卷的那种白湿巾,把它也放在桌子上。乍一看,薄薄的黄色的餐巾纸一叠特像煎饼。白湿巾一卷卷放在盘子里又像大葱白。一会儿汤洪庆馆长拿起餐巾纸就往嘴里放,一边放一边念叨,这煎饼还真薄。放在嘴里刚要吃,不对,这是餐巾纸啊!王书元馆长拿起白湿巾往嘴里放，一咬怎么还出水啊。这才恍然大悟，这是擦手湿巾啊!摆放得一根根还真像大葱白呐!顿时大家都笑起来，真是老外，竟把餐巾纸和湿巾当成煎饼和大葱了。这件事成为老馆长每次聚会的笑谈。到现在回忆起来，这件事都能让我们大笑一场，真是乐死人，这也成了老馆长们趣事的最好谈资。

从"追情人"到与书"谈恋爱"

　　我刚到图书馆工作不久，老馆长张凡找我谈话说："你是负责采购图书的，这项工作是图书馆的基础工作，也是图书馆工作的第一关，买什么书要把好头道关。"他形象指出："买好书要像追情人一样，不到手不罢休! "这句话的意思是，一个好的图书采购员为了收集好的图书，真是要花费一些心思的。要熟悉馆藏，掌握教学和科研需求，还要了解出版动态，把最需要的图书及时购进来，不下一番功夫是办不到的。经过几十年的工作实践，我深深理解了老馆长当时的这句话。

　　当馆长以后，我仍走在藏书建设第一线上，为了把好进书关，从一年一次的全国图书交易博览会到北京国际图书博览会以及其他大大小小的图书订货会都留下了我的身影。每次参加订货会，我和采购人员一样，手拿采集器，一本本、一册册亲手挑选。在馆长岗位上从黑大到东方走过了三十二个年头。我共采集了上百万册图书，可以说都是上乘图书。这都得感谢老馆长张凡同志对我的教诲。采购图书时，我每次都站在书架旁，一采就是一两天，有时采购上万册图书。真是徜徉书海，感到的是无比的享受。看到一排排的购书架，我顿时神采飞扬，干劲倍增，劳累也一扫而光。那种心情仿佛是与书"谈恋爱"，当我真正爱上她的时候，面对着采购的所有图书都会有一种发自内心的快乐，真的感觉像是和恋人谈恋爱一样。快乐的时候，她会陪你一起快乐；悲伤的时候，她能为你排解愁苦；愤怒的时候，她会在你耳边细语安慰；疲惫的时候，她会为你舒缓一天的压力。正是这种无微不至的爱，让我无论在哪，心里都会惦记着她，总想抽出时间和她单独相处一会。只有你迷上了她才会感受到这种境界。爱图书馆和爱书成了我终身的"职业病"。

十年磨一剑——学分与读书
征文亲密接触

　　我从 2006 年在黑龙江东方学院举办大学生读书征文活动以来,受到学院领导的重视和关怀。后来我借鉴黑龙江大学中文系把读书写文章获奖可得学分的做法移植到黑龙江东方学院,并结合民办院校的特点制定了可行方案,得到了学院领导的同意,会同学院教务处于 2008 年下发了学院文件。文件规定,对获得一等奖的同学给予 2 学分奖励,获得二等奖的同学给予 1.5 学分奖励,获得三等奖的同学给予 1 学分奖励。同时学院同意每年拨给图书馆 5000 元人民币用作奖励资金。这一活动由图书馆大学生读者协会在每年世界读书日期间发布阅读书目,学生根据书目中的图书进行阅读,然后写出读者心得文章并交由大学生读者协会进行初审。大学生读者协会把合格文章报给图书馆,然后由学院组成的专家评审委员会进行评审,评出一、二、三等奖和佳作奖。该活动于每年 9 月 26 日(新馆开馆纪念日)进行全校表彰,每个奖项都发放学院获奖证书和认定学分。这一活动以《介绍一种读书征文可获学分的创新举措》为题在《大学图书馆学报》上发表。此事获得了北京大学图书馆朱强馆长的好评,他认为黑龙江东方学院读书征文获得学分的活动是一个创举。

2015 年,《学分与读书征文的亲密接触》这一案例获得黑龙江省高校图书馆阅读推广案例大赛一等奖。2015 年 10 月 16 日,首届全国高校图书馆阅读推广案例大赛在华中师范大学举行,我院与全国 180 多所大学一同参加比赛。我院选送的主题是《学分与读书征文的亲密接触》,案例获得全国优秀奖。十年磨一剑,黑龙江东方学院通过开展这一读书活动进入全国高校主流行列。此项活动中,全国共有三所民办高校参加并获奖,这表明黑龙江东方学院图书馆的阅读推广工作在民办高校中也走在了前列。十年的辛勤劳动终于结出了丰硕的果实,真乃"十年磨一剑,功到自然成"!

淘　宝

　　黑龙江东方学院是民办大学,成立于1992年,我到东方学院是2004年。当时图书馆馆藏才几十万册,而且都是从书店购买的新出版的图书,新中国成立初期出版的图书很少,古籍图书根本没有。于是我就想到能否从黑龙江大学退休教师手中买一些有价值的图书作为馆藏。东方学院有俄语专业,但是没有俄文图书。买原版的又很贵。我就联系黑大俄语系退休教师,打听谁家有书转让。起先是动员老师赠书,后来变为每册按10元收购。几年共购得两万多册俄罗斯语言、文学方面的原版图书,填补了俄文图书的空白,并为东方学院俄语教师和同学提供了教学参考书。2014年,听说黑大中文系退休教师徐耀民要处理家中所有图书,我马上找到他家。看罢,要全部收购,每册10元。开始他犹豫、不愿意,因他要搬到北京养老,这些书也没有人继承,所以就同意转让给图书馆。在购买后清理图书过程中发现比较珍贵的古籍图书五十五册,其中有清同治壬戌年(1862年)版《书经精华》(同文堂版)全四册,光绪戊子年(1888年)《说文新附考》全六册,《说文逸字》上下卷及附录共三册,1921年版上海广益书局《白话句解新式普通尺牍》全六册,1926年版上海中新书局《封神演义》全十册,1926年上海扫叶山房发行的《燕山外史》一册,1932年商务印书馆《五十年来北平戏剧史材》全六卷,1936年版《学庸新编》一册,1948年版《春晖楼四书说略》一套,商务印书馆(年代待考)《左传》全十二册。这些资料弥足珍贵,填补了黑龙江东方学院古籍藏书的空白。通过几次淘宝,我为东方学院淘到不少珍贵的经典图书,同时也给我的人生带来无穷的乐趣。

以馆长命名的奖杯

我在做哈尔滨地区高校图书馆学会理事长期间,为了活跃高校图书馆广大职工的生活,开展了几项文体活动。组织了哈尔滨高校图书馆乒乓球赛、排球赛和象棋赛。这几项比赛每年开展一次。活动活跃了馆员们的文体生活,锻炼了身心,增强了体质,也增进了馆与馆之间、馆员与馆员之间的友谊。给获胜的图书馆代表队发放奖杯,我创意了以馆长命名的奖杯。以哈尔滨工业大学图书馆馆长李继凡命名"继凡杯",以哈尔滨工程大学图书馆馆长张耀华命名"耀华杯",以东北林业大学图书馆馆长吴启军命名"启军杯",以哈尔滨师范大学图书馆馆长夏玉德命名"玉德杯"。乒乓球男团第一名获得"继凡杯",女团第一名获得"耀华杯",象棋第一名获得"玉德杯",排球第一名获得"启军杯"。奖杯每年发给冠军队,如换到别的单位,原获得单位再复制一个作为荣誉永久保存。这个以馆长命名的奖杯不仅彰显了各馆的成绩,也增进了各馆之间的友谊,更彰显了大馆馆长的风采。

纪念毛泽东诞辰 100 周年大合唱

　　1993 年 12 月 28 日,为纪念毛泽东诞辰 100 周年,我组织了哈尔滨地区高校图书馆歌咏比赛。这次活动各馆经过认真的准备,在黑龙江交通高等专科学校(现为黑龙江工程学院)礼堂隆重举行。其规模空前,在全省高校图书馆中产生较大影响。各高校图书馆馆长共同登台，歌颂毛泽东的丰功伟绩，歌颂我们伟大的中国共产党。

访日几件趣事

歌 唱 团 长

由于访日的心情十分愉悦，每逢乘车参观，在路途上大家都要用歌声表达自己的心情。起先一首《太阳出来喜洋洋》把大家的心情激活了。我们每次访问都是走一路唱一路，于是给访日代表团起名为合唱团。理所当然地，我也就成了合唱团的团长。在欢迎中国大学代表团的欢迎会上，我讲完了感谢词以后，就与上海交通大学图书馆的顾女士唱起了《十五的月亮》和《敖包相会》，悠扬的歌声让参会的日本人着迷了，于是他们也唱起了日本歌曲。日本科学协会常务理事福田唱日本歌曲时，端坐着边唱边手舞足蹈，哼哼呀呀地念经，逗得大家直笑。到现在顾文君女士还念念不忘。中国大学访日团既是访问代表团，又是访问合唱团。

太阳出来了

由于中国大学与日本科学协会开展了赠书项目，黑龙江大学又是最早开展此项目的大学之一，我有幸作为访日团代表四次访问了日本财团和日本科学协会，一次是作为黑龙江大学代表，三次是代表黑龙江东方学院参加访问。有关访问的工作内容，在我的《图书馆工作四十四年》一书里有详细介绍，这里就不再赘述。我想把访问日本的花絮介绍一下。第一次访问，我是作为代表团团长访问日本财团和日本科学协会的。下飞机后乘大巴去驻地，正好赶上下雨，在汽车上有些不愉快。我作为团长看出大家的心情不好，于是我就唱起了"太阳出来了，喜洋洋"，大家也随着唱起来。这一唱不要紧，不一会儿雨过天晴，太阳真的出来了。日本科学协会的顾文君女士（日本科学协会赠书科科长）说，霍馆长真神了，一唱"太阳出来了"，太阳真的就出来啦。所以每次访问，顾文君科长逢人便讲，这夏天要下雨咱就不怕了，只要霍团长一唱"太阳出来了"，天马上就会晴。说来这件事纯属巧合，让我永远不能忘怀。

享受日本茶道文化

我们一行十人进入一个房间，先是整理衣装，脱鞋进入茶室，正襟危坐。围绕在茶师周围，很虔诚地等待茶师上茶。只见茶师面带微笑开始泡茶，按规定动作，点炭火，用开水冲茶，然后依次送给我们。我们必须恭敬地双手接茶，先致谢，尔后三转茶碗，轻品，慢饮后奉还。我们品茶也有规定，双手合十，然后接过杯，不能一口喝下，要慢慢地品，整个过程大约一个小时。最后，我们向主人跪拜告别，主人热情相送。在这个过程里，不仅品茶，而且是一种修炼。从环境布置、茶具的讲究、茶师衣着穿戴到宾客有礼，简直是一幅画面。目前，茶道已从单纯的趣味、娱乐，前进成为表现日本人日常生活文化的规范和理想。

访日期间享受了日本茶道，它是一种仪式化的为客人奉茶之事，这种文化熏陶对我们来说是一种莫大的享受。茶道是一种以品茶为主而发展起来的特殊文化，它将日常生活与宗教、伦理和美学熔为一炉，成为一门综合性的文化艺术活动。它不仅是一种物质享受，而且人们可以通过它学习茶礼，陶冶性情，培养人的审美观和道德观念。茶师的动作十分规范,既有舞蹈般的节奏感和飘逸感,又准确到位。每次访日都有收获,很长见识。

欣赏日本舞蹈

我们代表团进入剧场后,前面是一个不太大的舞台,舞台下有桌椅。桌子上摆满食品和饮料,供欣赏者吃喝。它是一种边吃饭边欣赏的形式。整个演出气氛十分热烈。我们观看了一出扇舞和刀枪舞。多姿多彩的扇舞是表现爱情的欢乐的舞蹈,刀枪舞是表现古代人武打的歌舞。演出后,我们上台与演员合影留念,在日本东京度过了一个美好的夜晚。

歌舞伎的脸部、颈部、背部、手指等涂成白色,身穿和服衬衣,再请人帮忙穿上和服,然后再戴上假发,油头粉面。其舞蹈的特色为"舞""踊""振"(模仿)三要素相结合。"舞"为古典"能"的手法,幽雅而含蓄;"踊"则多具有民间舞蹈特色,生动活泼;而"振"则是戏剧性的动作。三要素有机结合,成为歌舞伎的特征。还有一个显著特点,就是采用歌者不舞、舞者不歌的形式,由乐人唱歌。整个演出两小时,我们享受了一场丰盛的歌舞晚宴。

洗　温　泉

中国大学访日代表团有幸参观箱根,去了大寿庄温泉疗养院。日本大寿庄温泉疗养院地处深山密林之中,空气格外新鲜,这里的温泉是日本最好的疗养胜地之一,可谓世界闻名。我们乘车来到此地体验当地民众的生活——洗温泉。水是自然从山底泉眼流淌出来的。温泉池子不大,只能容3—5人洗,温泉池周围是用木质板做成的,我们泡在里面十分舒服。洗完之后与日本民众(都是一些退休老人)共享午餐,品尝美味佳肴,场面其乐融融。餐厅内有舞台,可上去唱卡拉OK,只见日本民众吃完饭后都要上台唱卡拉OK和跳舞。有的老人唱,有的老人跳起了交谊舞。日本老人的扇子舞和交谊舞跳得特别棒,我和团员们也参加了这个活动。团员们有的用中文唱,有的用日文唱,也边唱边同日本老人舞起来。我还和一位日本老人跳了一曲交谊舞。真是令人心旷神怡!我永远都不会忘记这一动人的情景,中日两国人民的友谊给我留下了深刻的印象。

图工委举办的几件事

1999 年 10 月 8 日，全省高校图书馆庆祝中华人民共和国成立 50 周年卡拉 OK 歌手大赛成功举行，振奋了全省高校图书馆人的精神。

2000 年 6 月，东北地区高校图书馆馆长年会在牡丹江师范学院图书馆召开，我主持了这次大会。此次会议把东北三省高校图书馆联系到一起，增进了三省高校图书馆馆长之间的交流和友谊。

2000 年 8 月，东北地区高校图书馆馆长"21 世纪图书馆建筑发展与服务变革"学术研讨会在黑河召开，清华大学及老一辈专家出席会议，探讨图书馆发展与未来建筑。

2001 年 1 月，在哈尔滨师范大学举办全省高校图书馆演讲比赛，组织七位评委当场打分。去掉一个最高分，去掉一个最低分，按总分排名，决出一等奖获得者。最终，哈师大图书馆馆员张学梅等获得一等奖。当时在全省高校图书馆产生积极影响，为全省馆员爱岗敬业、无私奉献精神起到了广泛宣传作用。

2002 年 1 月，全国高校信息素质教育学术研讨会在黑龙江大学胜利召开，教育部高教司李晓明处长、全国高校图工委秘书长朱强及教育部高等学校图书情报工作指导委员会成员参加大会。会上交流了全国高校信息素质教育方面的经验。我做了题为《为开创信息素质教育的新局面而努力奋斗——在全国高校信息素质教育学术研讨会上的总结》的发言。此文在《大学图书馆学报》上全文发表。

荣誉篇

1987 年 12 月被评为黑龙江省图书馆学会优秀学会工作者。

1988 年 7 月《对省级文献资源布局的探讨》一文获得黑龙江省文物管理委员会、黑龙江省图书馆学会优秀科研成果二等奖。

1989 年 1 月被聘为黑龙江省文献资源调查课题组成员。

1989 年 5 月被评为黑龙江省图书馆学会优秀学会工作者。

1989 年 10 月《对省级文献资源布局的探讨》一文获得中华人民共和国成立 40 周年、中国图书馆学会成立 10 周年图书馆学、情报学特别奖。

1990 年 3 月参加并完成了黑龙江省文献资源调查课题。

1990 年 6 月《大学生阅读动机新探》论文获黑龙江省文物管理委员会、黑龙江省图书馆学会优秀科研成果一等奖。

1991 年 10 月荣获 1989—1990 年度黑龙江省社会科学学会联合会系统先进工作者。

1992 年 6 月《大学生导读书目》一书获得黑龙江省图书馆学会第二次二次文献优秀成果一等奖。

1993 年 9 月被评为黑龙江省高等学校图书馆先进个人。

1993 年 10 月《对我校文献资源建设的几点意见》一文荣获 1991—1993 年黑龙江大学优秀教学成果奖二等奖。

1994 年 11 月《黑龙江大学文献资源共享服务体系建设方案》一文在黑龙江省高校藏书建设专业委员会首届学术研讨会上获一等奖。

1994 年 12 月《论 21 世纪中国图书馆在"信息高速公路"中的战略地位》一文获得论文一等奖。

1995 年 4 月《黑龙江省高等学校文献资源保障体系研究》一文获得黑龙江省自然科学技术优秀论文二等奖。

1995 年 6 月被评为全国高校图书馆先进个人。

1996 年 9 月被《黑龙江大学校报》中的《教授名录》栏目报道。

1996 年 9 月被评为黑龙江大学优秀图书馆人。

1996 年 12 月被聘为黑龙江省高校图书情报工作委员会藏书建设工作专业委员会主任委员。

1997 年 7 月被聘为黑龙江省图书馆学会学术工作委员会委员。

1997 年 7 月获得黑龙江省图书馆学会 1993—1997 年优秀学会工作者称号。

1997 年 9 月被聘为国家教委高校文科图书引进吉林大学中心书库学术咨询委员会委员。

1998 年 3 月《面向 21 世纪高校图书馆的选择与实践》论文获得 1997 年黑龙江省教育委员会社会科学优秀科研成果三等奖。

1998 年 5 月《面向 21 世纪高校图书馆的选择与实践》论文荣获 1995—1996 年度黑龙江省优秀科研成果一等奖。

1999 年 1 月荣获英国剑桥国际传记中心授予的 20 世纪杰出成就奖。

1999 年 5 月被评为黑龙江省图书馆学会优秀学会工作者。

1999 年 8 月被聘为教育部高等学校图书情报工

作指导委员会委员。

2000 年 7 月《构建大学图书馆素质教育第二课堂的思考与设想》一文被评为中国图书馆学会大会交流论文。

2001 年 9 月被授予 1997—2000 年度中国图书馆学会先进工作者。

2002 年 6 月被评为中共黑龙江大学委员会 2000—2002 年度优秀共产党员。

2005 年 6 月被评为中共黑龙江东方学院优秀党务工作者。

2012 年 12 月被评为黑龙江省高校"为大学生做一件好事"活动先进个人。

2013 年 7 月被评为中共黑龙江东方学院优秀党务工作者。

友 谊 篇

与书商官聚成的友谊

    黑龙江大学成立高校书刊经销公司以后,我结识了哈尔滨外贸公司的官聚成经理。他从事的外贸工作主要是经销俄文图书。每年搞一次俄罗斯图书展销会。因黑龙江大学俄语专业在全国领先,急需购买俄文原版图书。展销会后,把剩余的俄文图书全部降价处理给黑大图书馆。几年来通过这层关系,我们就建立起友好往来关系,并建立了深厚的友谊,后来就成为好朋友。当时,他还能够把一些比较紧缺的图书买到手。这些书对图书馆和个人来说很有收藏价值,保证了黑龙江省各大馆藏和个人收藏,填补了馆藏的空白,真是一件大好事。我还对其中的一些书进行了研究,并在报纸上发表了小文章,得到高校文科教师的好评。特别是我的大学语文老师崔重庆教授见到我就说:"在报纸上看到你发表的文章啦!"听到后,我心里还美滋滋的呢。与官经理工作交往的友谊,后来发展成生活中的友谊。我们成了好朋友,谁家有什么事都互相帮助。这种友谊一直保持到现在。

与人天书店邹进董事长的友谊

　　说到北京人天书店有限公司邹进董事长，就不得不说起人天书店的艰难创业。

　　我记得 1998 年人天书店刚成立，为求发展，邹进带着施春生和李虹来到黑龙江找到我。我当时是黑龙江大学图书馆馆长，黑龙江省高等学校图书情报工作委员会副主任、秘书长。为了给省高校图工委筹集经费，正与东北林业大学图书馆吴启军馆长研究如何在图工委之下创办一个图书经销公司，通过经销图书和做代理商，为图工委筹措活动经费。于是马上同意与人天书店合作，研究通过黑龙江省高校图书馆从人天书店购买中文图书。这样人天书店邹进董事长就把黑龙江省高校图书市场打开了。那时购买图书还没有打折这一说，就是按书上码洋结算。

　　经过几年运作，人天书店在黑龙江省高校挣下了满满的第一桶金。后来人天书店越做越大，成为中国最大的私人书店。当时中国有号称"南有儒林，北有人天"的两大书商。邹进由总经理成为董事长。我于

2004年从黑大退休以后，又被聘为黑龙江东方学院图书馆馆长，仍然和邹进保持着友谊。我七十岁生日，邹进还赠我一幅小白兔国画作为生日礼物。邹进对我当年的支持念念不忘，每逢我参加大型书会，见到我都要与我共叙友情。我还记得2006年是人天书店八岁生日，正赶上我在人天书店采书，邹进在北京举行庆祝会，邀请我参会，并让我切了生日蛋糕。2010年在西安举办的由人天书店举行的全国图书现采会，邀请我为大会致贺词。特别是第二次退休后，我写了《图书馆工作四十四年》一书。邹董事长及人天书店黑龙江省经理王维东，主动为我推销此书。邹进说："霍馆长没少帮我们的忙，他的书咱们一定帮助推销。"他的话语让我感动。书本让我与邹进相识，我们的友情现在仍通过书本传递。这不，2018年邹进把他写的《给孩子的诗歌日历》赠送给我一本，仍传递着深深的情谊。

与上海交大图书馆馆长陈兆能教授的友谊

我在做省高校图工委秘书长时，在一次会议上遇到了上海交大图书馆陈兆能教授。他是上海人，因他在哈工大读书，故与哈尔滨有渊源。我们交流高校图书馆经验很是合得来。作为上海交大图书馆馆长、博士生导师，他对黑龙江人表示友好，给我留下了深刻印象。

不久，他同本馆书记到吉林大学开会，给我打电话说要来哈尔滨工业大学看看，我马上答应可以来。陈馆长来到哈尔滨，我热情接待了他们。因他是上海高校图工委副主任，我就同哈工大图书馆李洪喜副馆长一起接待。第二天上午，我们两家进行了图工委工作交流。下午，参观哈工大图书馆，会见了他在哈工大读书时的老师。晚上我代表黑龙江省高校图工委在中央大街华梅西餐厅招待他们二人吃俄式大餐。北方人喜欢以酒招待客人，他们上海人不喝酒，用饮料代替。酒过三巡，陈馆长见喝酒用小盅，笑着说他也来一小杯。只见他端起杯一饮而尽，我们很是好奇，他不会喝酒怎么端起酒杯一饮而尽呢？后来才知道，陈馆长在哈工大读书时与北方人一起喝过小酒，到上海工作就不喝了。现遇到好朋友，又重新激活了。接着又饮了两杯，共饮三杯酒。过后,大家把陈馆长喝酒的事传为美谈。

第二年我去上海参加图书博览会,在参会期间,陈馆长特意邀请我到交大图书馆参观指导、叙友情。晚上同书记一起请我吃饭。知道我喜欢喝酒,席间用黄酒与我共饮,畅谈友谊,交流工作。晚饭后,我问陈馆长怎么来的,他说他骑自行车来的。作为上海交大图书馆馆长、高校图工委副主任,一点架子都没有,老馆长的朴实无华让我感到敬佩。更让我感动的是,饭后桌子上的菜都吃光,剩一碗面条,他叫服务员打包装盒,带回家给女儿吃。这一举动更让我十分敬重这位老馆长。他为人朴实、勤俭,使我永远不能忘怀。

2014 年,我作为黑龙江东方学院图书馆馆长去上海浦东图书馆考察新馆建设。知道陈馆长已经退休多年,于是我通过上海市高校图工委秘书长庄琦找到他。我们见面时,看到他的身体不如从前硬朗,但人还是那样朴实无华。他坚持同我们一起参观上海交大校史博物馆和钱学森图书馆,一起共进晚餐,共叙友情,给我又一次留下难忘的印象。现在他的身体还好,我们一直保持着深厚的友谊。

与俄罗斯国立图书馆馆员的友谊

通过与俄罗斯国立图书馆的友好往来，我与俄罗斯馆员结下了深厚的友谊，与馆员娜杰日达、柳德米拉、麦莉、安德烈成为好朋友。

1990年，黑大图书馆馆员孙赫杰的丈夫袁长在在莫斯科当翻译，经常到俄罗斯国立图书馆查找资料。因为他精通俄语，原来是黑大俄语教师，交流起来就说到自己的妻子孙赫杰在黑大图书馆做俄文图书编目工作。当时俄罗斯国立图书馆也很想与中国黑龙江大学图书馆建立联系。他们知道黑龙江大学俄语专业在世界闻名，哈尔滨有中东铁路，有俄侨等图书资料，就想主动与黑龙江大学图书馆交流。经联系，我同意派孙赫杰到俄罗斯国立图书馆做交流馆员工作半年。一方面开展了两馆的馆员工作交流，另一方面也解决了孙赫杰与袁长在老师不在一起的问题。后经过两馆协商，首先俄方柳德米拉（国际交流部主任）和娜杰日达（中文编目员）与俄文编目主任等人来黑龙江大学访问，我热情地接待了他们。参观了黑大图书馆、哈市图书馆和黑龙江省图书馆。通过访问，两馆达成协议，开展互访、互派馆员、交换中俄文献资料等合作项目。1992年4月，我又率团一行三人访问了俄罗斯国立图书馆。这次访问，又遇见了柳德米拉、麦莉、娜杰日达、安德烈等馆员，我们成为朋友并结下了深厚的友谊。

直到1996年北京国际图联大会，俄罗斯国立图书馆派代表团来到北京，恰逢我到北京参加 IFLA 大会，我们老朋友又在北京相见。晚上，我特意到他们所住宾馆看望他们。当我听到他们来时经费有困难，个人没有补助，我给每人100元人民币作为生活补贴。他们很受感动，认为中国图书馆比俄罗斯图书馆好。我还招待他们吃了一顿饭，席间，请哈尔滨师范大学图书馆馆长夏玉德教授当翻译(他是学俄语的)。招待会气氛热烈，我们互叙友谊。柳德米拉、麦莉、安德烈等很是激动，举杯共庆世界图书馆人的节日。IFLA 把两国图书馆人连在一起，心也贴在一起。大家载歌载舞，为了共同的事业，一起努力奋斗，迎接世界图书馆美好的明天！我们之间的友谊更加牢固，更加源远流长。

与日本科学协会顾文君的友谊

顾文君是日本科学协会向中国大学图书馆赠书项目负责人，我与顾文君是 1999 年在黑龙江大学外事处认识的，她当时来黑大洽谈赠书项目。日本科学协会负责收集日本科技人员的赠书，把所捐赠的图书整理后赠送给中国大学。这些图书都是科技和教育类的日文原版图书，对中国大学很有帮助。

通过赠书项目，我先后四次访问日本科学协会。一次是代表黑龙江大学访问，三次是代表黑龙江东方学院到日本参观访问，每一次都受到了顾文君的热情接待。她跟随访问全程，从接机到送别，对我无微不至的关怀使我深受感动。黑龙江大学和黑龙江东方学院共接受日本赠书近百万册，这对两校的教学科研有很大帮助。顾文君是上海人，会说普通话和日语。有时她就充当翻译，所以和日本人交流起来十分方便。在每次出访和到中国交流时不存在语言障碍，我们之间结下了深厚的友谊。特别是我到民办高校黑龙江东方学院后，她仍将赠书项目交给东方学院。在交流中，我们比起北大、清华和上海交大是一个小学校,她对我一视同仁,在赠送图书方面把最需要的语言类图书送给我们。知道我们学校日文图书少,还主动把一些大部头工具书赠送给我们。

我们之间的友谊还表现在个人生活方面。例如有一位日本科学协会的退休人员小时候在哈尔滨住过,要来看看,她就委托我给接待一下。此人来到哈尔滨,我们带领她参观访问了故地,最后送到机场告别。到现在,我们每逢过年或节日互寄贺卡,互相问候,有事通过微信联系,大学日本访问团建立了微信群,互通图书馆建设和日本赠书项目。这种友谊一直保留着。

与五位忘年交的友谊

王维东,人天书店黑龙江省经理。哈尔滨体育学院毕业,"80后",为人办事朴实厚道。先是人天书店新疆经理,后任黑龙江省经理。我在黑龙江东方学院图书馆当馆长时,他经常来馆联系订书业务,因我与人天书店的关系,我们一见如故。经过十多年的交往,我认为他是一位很称职的书商。他对图书知识掌握得比较全面,经常推荐好书,很有水平。我还记得他几次带我们购书团队去北京选书,热情周到的服务让我们很是感动。特别是我退休以后在三亚休养,他特地带团队来看我,给我留下难忘的印象。对我写的《图书馆工作四十四年》一书鼎力帮助推销500册,很使我感动。通过图书相遇相知,我们建立了深厚的感情,成为忘年交。

王鹏,北京书易文化传播有限公司负责人,这位"80后"给我留下的印象比较深。他是黑龙江人,长得像卓别林,很能干。创业起始阶段,冬天一个骑着摩托车跑遍哈尔滨所有高校图书馆的人就是王鹏。风里来,雨里走,不畏严寒,不怕风雪。推销图书历尽千辛万苦,经过十几年打拼,买了三辆小轿车,其中一辆送给书业朋友,一辆送给弟弟,自己开一辆。在哈尔滨买了房,把在农村居住的父母和弟弟接到哈尔滨,帮助弟弟成家立业,很是了不起。因他的家在北京,每年春节,他都代我看望北京的老朋友。2014年我去北京采书,正好赶上我70岁生日,我想用登上长城来纪念这个生日,他自己开车并陪我一起登上长城。我从事图书馆工作真正遇上了一位最强的"80后"。直到我退休后出版了《图书馆工作四十四年》一书,他又帮助我推荐、宣传此书,不遗余力。2007年冬天他带团队在三亚开会时又专程到崖城来看我,让我永远不会忘怀。通过图书的传递,我们结下了深厚的友谊,他成为我的忘年交。

董堂,黑龙江省墨香斋图书经销有限公司负责人,河北衡水人,"60后",我称他为"书业老大",也是我的一位忘年交。董堂为人憨厚、耿直,做事老道,具有河北人的成熟老练。他在书业交了不少图书馆界的好朋友,像顾伟泉、王富礼、赵满华等同人。他曾与北京、南京凤凰书业合作。北京、南京有选书会,我都积极参加。每次他都热情周到地服务,给我留下深刻的印象。我还记得他带我们去西安采书,并参观了兵马俑和秦始皇陵。他常说以书会友,友谊第一,赚钱第二。因我也是河北人,说起来我们又是老乡,所以合作起来显得十分亲切。他一人来哈尔滨打拼很是不容易。每年过年开车回老家,回来时还用车把老家的面粉带来给我吃。吃到家乡小麦磨的面,仿佛又回到了家乡。我们之间的友谊很深厚，他已成为我人生中的不可多得的好朋友。

魏笑，黑龙江金墨时代图书经销有限公司经理，现为浙江书业批发黑龙江代理，江苏人，"80后"。他孤身一人在黑龙江书业耕耘，一干就是十几年，经过自身努力，在哈尔滨市买了房，买了车，还娶到一位漂亮贤惠的妻子。他的婚礼我参加了，在马迭尔宾馆举行，有不少图书馆同人去祝贺，可见魏笑的为人不一般。魏笑一说话就笑，待人彬彬有礼，很有礼貌，是一位十分可爱的书商。为了把书代理好，他冬天不怕严寒，夏日不怕炎热，走南闯北经营书业一片蓝天。纸质中文图书的买卖越来越不好做，他就千方百计地把它做好，并开展多种经营。我还记得，我们学校要买朝文图书，他就自己开车把我们带到延吉去选朝文用书。路上正赶上下大雨，他开车从未遇到这种路况，很是害怕，最后还是坚持到目的地，圆满完成这次采书任务。他迎难而上的精神使我十分佩服这位"80后"。每逢节假日他都要友情地问候一声，使人感到特别温暖和可亲。因此我们建立了深厚的友谊。

周鹤，三新书业黑龙江省经理。河南人，瘦小的个子，但是十分勤奋，精明能干。我们第一次接触，我就感到此人能吃苦。那是一个冬天，外面十分寒冷，他穿得很单薄。我问他冷吗，他说不怕冷。此人有一股子闯天下的精神。果然没看错，经过几年的打拼，在哈尔滨买了房，买了车，还娶了老婆，去年还生了一个胖儿子。我经常向年轻的馆员们介绍这批干图书工作小伙子们的工作精神。当然，他们有压力，有压力就有动力。不像图书馆的工作人员工作稳定，稍努力一点就能取得成绩。给我印象最深的一次是他的上司来哈尔滨看望客户，上司能喝酒，周鹤不会喝酒，结果上司非让他喝。没办法，恭敬不如从命，结果几杯下肚就醉得不行了，而且吐了一地，弄得大家都不好意思，可是他过后仍和大家有说有笑，不让客户扫兴。2017 年，我写的《图书馆工作四十四年》一书，他们公司为我代理400 册，他尽心尽力帮助推销，给我留下难忘的印象。可见我们之间的友谊是很深厚的，他也是我的忘年交之一。

写 作 篇

《世界风俗大全》

近几年来,社会上陆续出现了一些介绍国内外风俗的书刊,虽开卷有益,但多数零碎,有的只是介绍各民族的奇异风俗,或介绍各民族的历史沿革,没有一部比较完整的综合介绍。为了更全面地反映世界各民族的历史概况和各民族的风俗文化,我们利用图书馆保存的丰富资料,编写了这本《世界风俗大全》。在编写的过程中,我们翻阅了近百种资料,深深为全世界各民族丰富多彩的风俗文化所吸引,利用寒暑假时间,夜以继日,乐此不疲。现在,我们把它奉献给读者,希望它能成为一个窗口,使读者大开眼界。

为使读者便于阅读和查找,我们按照地理位置排序,即亚洲、欧洲、美洲和大洋洲。洲下按国别分,国别下按民族编排,民族下首先介绍民族的概况,后为婚俗、丧俗、祭祀、节日、礼仪、衣食住行等则,以各自内容分类编排。

在编写过程中,我们广泛利用了已出版的中外书刊中的大量资料,对这些书刊的作者、译者和编者们,谨表示由衷的感谢。许多生动有趣的风俗资料具有很大的欣赏价值和科学价值，但也可能由于时间仓促，编者的水平有限，出现错误和疏漏，恳切希望广大读者，特别是有关专家学者多多批评指正。

1990 年 6 月 8 日

（选自《世界风俗大全》，

黑龙江人民出版社 1991 年版）

《梅花梦》校点本

《梅花梦》，一名《何必西厢》，是行世已久的一部说唱并茂的弹词脚本。原书作者姓氏、生卒年月不详。本书系根据嘉庆庚申年(1800 年)"五桂堂藏版"春谷先生校订本校点而成。遇原书刻印模糊、辨别不清或残缺脱落时，以另一刻印比较晚的刻本勘校。后一刻本有时字迹虽清晰可辨，但与原意出入较大，故宁可空缺，而不以讹传讹。

本书一至五回由何俊芳校点，六至十回由王玉杰校点，十一至十七回由丰敏校点，十八至二十五回由陈玉芳校点，二十六至三十三回由孙凡校点，三十四至三十七回由霍灿如校点,篆书、草书原序由何俊芳译校,跋由霍灿如校点,全书由秦万年负责总校点。由于我们学识水平有限,资料不足,缺点和错误在所难免,切盼专家和广大读者批评指正。

原　序

心铁道人负不羁之才,目无余子,与和松居士友善。少习举子业,屡试春官不第,就官六百石,所至有政声。公暇,出新著《何必西厢》示和松居士。居士听然笑曰:"噫嘻!此盲词也。道人亦为此耶?道人出其巨制鸿文,可以谒金门,可以上玉堂。迨一行作吏,报最循良,岂难登台省,抒经济,为邦家光。即有新情迫而欲将,或著为诗歌,或发为文章。屈宋芳艳,李杜光芒,左宜右有,靡所弗长。不然,传奇谱曲,金石铿锵,嬉笑怒骂,压倒坛场。乃不数端之是尚,而顾寄托于盲词之盲。"道人喟然叹曰:"否,否。壤蚁不足知山,所处渺也;井蛙不可语海,所见小也。以奕奕之蚁与山豹争,文人见豹不见蚁矣。退而戴粒,赤黑分明。以阁阁之蛙与海鼍竞力,人闻鼍不闻蛙矣。返而鸣池,喜怒自得。吾不获为南山之豹,北海之鼍,亦惟时术。半生蒙庄道,在鼓吹两部梵响音多;此盲词所由作也。且盲亦何尝之有,世之字讹三豕,盲于古也;日迷五色,盲于今也;抱杜尊韩,扶墙摸壁,盲于诗与文也;菽麦莫辨,皂白不分,盲于物与人也;内而性命,外而事勋,粗而日用,精而彝伦,不免浮光掠影,指东划西者,又盲于理道之云云也。天地之大,名象之繁,十二万年,独具澄观,彻上彻下,明察毫颠,非甚至圣,其谁能然?大抵不盲于此而盲于彼;不盲于责人而盲于鉴己。六合非遥,一室非迩,炯炯双眸,千百有几?又何如取义断章,即以盲而不盲者讽不盲而盲者,或亦金鎞刮膜之方?至若附会崔张,标题简牍,开卷一篇,大意具足。如以吾菲薄古人,命骚奴仆,则吾不知子都之姣,是谓无目者也!"居士俯首,载欣载言:"吾子眼孔,大似箕悬。怜瞽猫之抱腐鼠,戒瞎马之临深渊。请雕李枣,聿被鹍弦。拨新声于陌上,醒残醉于尊前。问道于盲,庶乎近焉。矧其不胫而走,不翼而骞,于以洛阳纸贵,莫不快睹而争先。"道人称:"善!"捐俸是资,同心之臭赏心奇,珠联碎彩,璧合圆姿。谁倡谁和,有目共知,盍即览斯问答之题词!

（选自《梅花梦》,

黑龙江人民出版社1988年版）

《中外幽默集锦》

本书选编了中外幽默992条。内容健康,主题明确,描述简捷,语言有一定的艺术性和幽默感。所收的幽默事例中,有的深邃,言有哲理;有的含蓄,意味深长;有的辛辣,启迪思索;有的幽默,令人发笑。适于广大读者阅读。

（选自《中外幽默集锦》,

科学出版社1989年版,

经查阅本书早已售罄）

"黑龙江大学人文社会科学文献开发丛书"

人文社会科学文献是记录人类丰富知识的信息载体,也是人类知识、信息、情报的总汇。经过加工整理,组织有序的人文社会科学文献便可成为一个地区乃至全社会共享的文献资源。人文社会科学文献对社会经济、科技、文化、教育的发展起到巨大作用,经过加工、分析、评价的人文社会科学文献情报,已成为科学决策的重要依据。人文社会科学文献所提供的前人及今人的科学研究成果和实战经验,能使社会经济、科学研究和生产建设建立在人类文明成果的基础上,避免重复劳动,少走弯路,获得新的发展。人文社会科学文献既是人类传递知识的工具,又是普及文化、促进经济发展的媒介。一个地区的人文社会科学文献是该地区知识储备和科学能力的重要组成部分,标志着该地区人类知识的积累和存取水平,对人文社会科学文献的开展和利用,可产生巨大的社会效益和经济效益。因此,人们越来越关注人文社会科学文献建设,使其更加卓有成效地为社会经济发展服务。

黑龙江大学人文社会科学文献是经过几代图书馆人不断搜集、整理加工而成的。在全国文献资源调查中,黑龙江大学人文社会科学文献收藏量居前30名单位中的第23位。其中俄罗斯语言文学文献、日语语言文学文献和生产力经济学文献已达到国家级收藏标准。这说明黑龙江大学人文社会科学文献占有很大的优势,也是学校一大收藏特点。因此,研究、开发这部分文献,保持我们这一优势,是学校图书馆工作者义不容辞的义务和光荣使命。

"黑龙江大学人文社会科学文献开发丛书"是揭示黑龙江大学人文社会科学文献的系列检索工具。经过图书馆工作者集体创意、科研立项、精心搜集、科学组织和辛勤耕耘而形成的一套检索工具书,现在终于正式出版了。这一成果集中了几代人的心血,完全可以说是集体智慧的结晶。在此我作为一名老馆员,向丛书的编著者们表示由衷的感谢!

黑龙江大学人文社会科学文献是建立我省高校人文社会科学文献信息中心的物质基础,如何揭示和开发这部分丰富的文献资源,为广大读者和用户提供简捷便利的检索途径,一直牵动着我们馆员的心。在学校和科研部门的大力支持下,我们首先向学校申请立项,争取把这一成果纳入科学研究轨道。1995 年,陈玉芳等同志立项编写《古籍线装丛书子目索引》,王玉杰等同志立项编写《30 年代期刊篇名索引》;1993

年,采编部等同志立项编写《特色文献题录》,同时图书馆集中部分人员编写《解放前文献要目总览》。这些研究项目都为本丛书的编辑出版打下良好基础。在编写过程中,我们的馆员为了早日出成果,放弃了节假日休息,翻阅了人文社会科学文献的全部馆藏。用手工抄写了上万张卡片,做了大量提要。有的同志把卡片盒拿回家进行排检,经过几审几校,终于完成了这部丛书的编写工作。这种无私奉献、无怨无悔的精神深深地感动了我们。这部丛书是用心血写成的,这种说法一点也不为过。今天把它奉献给我们的广大读者,奉献给我省高校图书馆,愿它能对我省高等教育事业发展、为我省社会主义两个文明建设做出应有的贡献!

本丛书暂出版四册。一是《古籍线装丛书子目索引》,二是《解放前文献要目总览》,三是《30年代期刊篇名索引》,四是《特色文献题录》。根据开发和挖掘情况,还将陆续出版一些人文社会科学文献方面的重点检索工具书,为我省高校教学、科研服务。

本丛书在编写过程中得到了黑龙江人民出版社

韩妙丽同志的大力支持,在此表示感谢。由于首次编写这样巨大部头工具书,经验不足,时间又仓促,错误在所难免,敬请各位专家指正。

(选自"黑龙江大学人文社会科学文献开发丛书",黑龙江人民出版社 1998 年版)

《重点藏书与特色服务》

黑龙江省高等学校图书馆藏书建设专业委员会对全省 39 所普通高等学校图书馆的藏书状况进行了一次调查,到 1996 年底全省高校总藏书 4259112 种,12062979 册。各高校图书馆为适应学校教学、科研的需要,逐渐形成了各馆的重点藏书特色。根据各高等院校学科建设,特别是重点学科建设对文献的需求,藏书建设专业委员会及时成立了黑龙江省高校重点学科文献评估体系课题组,向省教委立项开展这一课题的研究。经过两年努力和全省高校广大图书馆工作者的积极参与,终于完成了这一课题并形成一系列成果。于 1997 年 1 月 14—15 日在黑龙江大学图书馆召开了全省高校图书馆藏书建设第二次学术研讨会,对我省高校重点学科文献保障体系、评估体系和电子计算机共享服务进行了大会交流和学术研讨。全体与会者取得了一种共识，就是在当前科学技术和图书信息飞速发展的今天，每所高校图书馆必须突出自己的收藏特色，而且按照一种合理布局和科学评估指标来收藏，再也不能像过去那样收藏文献了。所谓文献特色，就是突出本校重点学科文献的收藏并形成全省乃至全国特色，发挥出自己的优势，这是在图书馆转型时期，特别是电子计算机应用时代必须完成的一种根本性转变。今后高校图书馆文献信息建设的总体思路应该是突出重点学科文献信息建设，向着学科文献信息中心发展。在实现我省学科文献信息中心的同时，加快电子计算机联网建设，走出一条具有我省高校服务特色文献信息共建、共知、共享的道路。在省高校重点学科文献信息中心建设时，要考虑的是对重点学科文献进行评估和评价，看它是否满足重点学科建设的需求，是否具有社会效益和经济效益。遵循这一思路，就要求我们藏书建设者在思想观念上有一个较大的转变和飞跃。这本文集就是力求将这方面的成果展现在大家的面前,经过实践的检验和不断探索、不断总结、不断完善,为我省高校图书馆藏书建设开辟一条新路,以崭新的面貌迎接新世纪的到来。

本论文集共分为四个部分:一是重点学科文献评价,二是重点学科文献共享服务体系,三是重点学科文献建设,四是为重点学科服务,共收入论文53篇。这些文章代表了我省高校图书馆工作者在高校教学、科研和重点学科建设方面的研究成果。有些是学术研究,有些是争鸣与探索,都反映了课题组和论文作者一定的学术水平和研究能力。我们相信,通过这次学术研究,一定能推动我省高校重点学科文献建设,进一步带动我省高校重点学科建设,使我省高校重点学科和专业在20世纪末和21世纪初达到或接近世界先进水平。

(选自《重点藏书与特色服务》,
黑龙江人民出版社1997年版)

《图书馆藏书建设》

藏书是图书馆的物质基础,藏书建设是图书馆开展各项工作的前提条件。因此,藏书建设质量是衡量图书馆水平的重要标志。它不仅是一项学术性、科学性、技术性和实践性都很强的系统工程,而且是需要调查研究、综合各方面情况的一系列思维活动。因而,图书馆藏书建设在一定程度上也是一门艺术。我们受中国图书馆学自学系列丛书编委会的委托,在此书中进行了有关藏书问题的探索。

在编写过程中,参阅了国内外许多专家、学者关于藏书建设的著作与论文,得益匪浅,谨致深切谢意。

本书是辽宁省图书馆、吉林省图书馆和黑龙江大学图书馆的九名同志共同研究成果,在体例、结构和文字上难免有许多不当之处,恳请读者惠予指点。

第十章内容由霍灿如编写,主要阐述了藏书建设人才和工作制度。

(选自"中国图书馆学自学系列丛书"
《图书馆藏书建设》,学苑出版社 1989 年版)

《大学生导读书目》

"目录"是打开图书馆知识宝库的金钥匙。清代学者王鸣盛说:"凡读书最切要者,目录之学。目录明,方可读书;不明,终是乱读。"唐代毋煚云:"览录而知旨,观目而悉词。"

在科学技术飞速发展的今天,图书出版业空前繁荣,但也有某些良莠不分、鱼龙混杂的现象。如何利用有限的时间读好书,读最必需的书,是每一个大学生的当务之急。

为帮助本科生、研究生尽快了解自己所学专业的课程设置情况,掌握本专业必读(参考)的书目,克服以往在读书趋向上的盲目性、偏向性,我们从事图书馆工作多年的几位同志经过一年的调查研究、收集整理,在许多专家学者的精心指点和积极参与下,参考了北京大学、南开大学、国家教委、解放军外国语学院等单位已编书目,由各专业的学科带头人、骨干教师提供主要书目资料,编制成《大学生导读书目》一书,供本科生、研究生和教师参考。

本书目共收集图书6044种,涉及社会科学、自然科学及外语三大门类14个系,4个科研教学单位,43个专业,770门课程。

该书目按专业(课程)编排。所选图书的内容、质量均为上乘,特别注意收集著者、出版社均有权威评价的名家名著。版本选择以新版为主,兼收有学术参考价值的旧版本。海外出版物只要参考价值高,也一并选入。在语种方面,选取了一定数量的英文、日文、俄文、法文等原版图书资料,扩大了参考面。每种专业所列书目,可供本科生、研究生和青年教师参考,用记号以示区别。

该书目的功能是多方面的。首先,它为综合性高等院校本科生、研究生提供了可借鉴的书目资料,结合本校课程设置情况做适当增删后便可使用。其次,它为各高校图书馆的藏书建设提供了补充缺藏和检查馆藏质量的方便工具。最后,它为其他学科的学生跨系(专业)选择选修课程提供了比较系统的检索工具。

本书目是一本质量较高的导读工具书,为大学生学习期间所必备,我们期望有更多的读者欢迎它的诞生。由于水平的限制,错误和疏漏在所难免,请大家批评指正。在此,我们向下列学者、教授给予我们的精心指导表示衷心的感谢，他们是：熊映悟、吕冀平、韩志刚、陶尔夫、刘敬圻、刁少华、曲若美、崔重庆、孙云、吴方正、刘耀武、刘介人、江德祥、华劭、张会森、李锡胤、谷启珍、侯春祥、韩式朋、温希良、戴昭铭、陈躬林，饶良伦、王守义、阎家业、赵先杰、吕圣尧、李景正、陈九顺、李宗泽、郎燕、王慎之、华光彦、曹鸿志、唐俭、张春隆等。同时，还向我们已参考的书目的作者表示由衷的感谢！

（选自《大学生导读书目》，

哈尔滨船舶工程学院出版社 1991 年版）

《图书馆工作实务》

敬业爱馆，无私奉献，写在迎接北京国际图联大会《图书馆工作实务》前面。

1996 年是我国不平凡的一年，这一年是我国执行"九五"计划的第一年，也是实现跨世纪宏伟纲领的一年。这一年，第 62 届国际图联大会在我国首都北京召开。这是全世界图书馆事业的一次盛会，也是我国图书馆事业的一次盛举。为此，我们广大图书馆工作者为之欢欣鼓舞。为了表达我们的心愿,展示我省高校和公共图书馆广大图书情报人员在图书情报事业中默默耕耘、无私奉献所取得的优秀成果,特别是改革开放以来,励精图治,适应社会主义市场经济的发展,为高等学校教学和科研、为社会主义市场经济建设、为提高全民族文化素质、为培养社会主义合格人才所取得的光辉业绩,哈尔滨地区高等学校图书馆学会组成了6人编委会,把大家选送的优秀成果编辑成了《图书馆工作实务》一书,作为送给1996年北京国际图联大会的一份礼物。

所收论文表达了我省广大图书馆工作者热爱图书馆事业的一片真情,凝结着广大图书馆工作者敬业爱馆、无私奉献的可贵精神,全部论文都是我们用自己的心血写成。论文中有精心探索图书馆改革的激情,有对文献资源建设的远见卓识,有对未来图书馆事业适应社会主义市场经济的大胆设想,有对读者与用户服务的热烈追求。特别是体现了行为科学运用于图书馆,对跨世纪人才培养的紧迫感⋯⋯这些论文选题准确、立意新颖,在理论与实践的结合上有所突破。

全部论文几乎囊括了图书馆工作的各个方面,代表了当今图书馆界要研究和解决的问题。

由于受字数限制,所有论文后面的参考文献一律删除,请作者谅解。论文收集工作是由学会秘书长王洪滨同志进行的,并得到了黑龙江大学图书馆全体同人的积极支持,在此向他们表示衷心的感谢!

1995 年 12 月 20 日

(选自《图书馆工作实务》,

黑龙江人民出版社 1996 年版)

《黑龙江大学图书馆简史》

黑龙江大学图书馆已经走过 60 年了, 回顾我们所走过的历程,最好的方式就是写部简史。今天,在黑龙江大学 60 周年华诞, 黑龙江大学图书馆新馆落成和开馆之时,这部馆史终于付梓了。这是一件特别令人高兴的大喜事。回顾这一段很有意义的历史,更加激励我们努力进取, 建设好我们共同营造的新的家园。通过它,也告诉我们现在的图书馆之所以有今天,是几代图书馆馆员共同努力、默默无闻、无私奉献的结果。图书馆的发展史也是黑龙江大学发展历史的一个重要组成部分。

我作为一名老馆员，在图书馆走过 60 年历程中，伴随它近 30 年，回想一下，真是感慨万千。从图书馆历史来看，经历了无独立馆舍到 1981 年建成 6800 平方米独立馆舍，再到 2001 年扩建成 23464 平方米新馆舍，经历了图书馆三部曲。从 20 世纪 70 年代的馆藏 60 万册，到 2001 年的馆藏 120 万册，藏书量翻了一番。图书馆专业队伍由 30 余人猛增到 100 多人，这真是翻天覆地的变化。可以说是图书馆历史的一大飞跃。这些巨大变化都说明了我国改革开放以来的巨大变化，更反映了我们黑龙江大学在改革开放以来的巨大发展。盛世文化兴，图书市场的繁荣必将带动图书馆事业的繁荣，这也是历史告诉我们的一条真理。

了解图书馆的历史是为了更好地面向未来。当今我们正处在信息时代，数字图书馆正悄悄向我们走来。高校图书馆正面临一个新的发展机遇。科教兴国，教育事业大发展，高校图书馆馆舍面积的扩大、一座座新型现代化大学图书馆的兴建标志着高校图书馆走向大发展阶段。我们应不失时机地抢抓机遇,乘势而上,把高校图书馆的电子化、网络化、数字化建设好,为黑龙江大学的教学、科研、学科建设做好条件保障。创建省内一流大学,必须有一流大学图书馆做保证,这应成为我们的共识。

一部图书馆馆史,记载着全体馆员奋斗的足迹。一分耕耘,一分收获。我们都是耕耘者,我们应该像前辈那样,不畏艰难,勇于进取,努力耕耘,为了图书馆更加美好的明天,努力加油吧!

(选自《黑龙江大学图书馆简史》,

黑龙江人民出版社 2001 年版)

《读书做人与成才——古今中外名人名言集》

对于读书来说,古有"万般皆下品,唯有读书高""书中自有黄金屋,书中自有颜如玉,书中自有千钟粟"的古训。鲁迅先生小时候读书的三味书屋楹联上写道:"至乐无声唯孝悌,太羹有味是诗书。"三味书屋屋主寿镜吾之子寿洙邻解释"三味"时说:"读经味如稻粱,读史味如肴馔,读诸子百家味如醯醢。"古代人将读书奉为至高无上,奉为美味佳肴。到了近代和现代,中国的名家对读书的看法又大大向前发展了一步。杨绛先生把读书看成拜师访友,是那种没有任何功利的读书,优雅而闲适。把读书当作是去拜访高人名流,那读书就纯粹是一种风雅乐事了。杨绛先生认为读书好比串门儿——"隐身"的串门儿。要参见钦佩的老师或拜谒有名的学者,不必事前打招呼求见,也不怕搅扰主人。翻开书面就闯进大门,翻开几页就升堂入室;而且可以经常去,时刻去,如果不得要领,还可以不辞而别,或者另找高明,和他对质。

金圣叹先生有句"雪夜闭门读禁书"的情景就与杨绛先生的读书观大相径庭了。他是一个探险家,是一个猎奇者,那神神秘秘的氛围和意味,那种不为外人道也的秘密,或许只有这位伟大的批注家才能享受得了。林语堂先生读书的主旨在于摆脱俗气。黄山谷说"三日不读书,便觉语言无味,面目可憎",说得有些过头了。今天我们大学生中的许多人,读书的目的十分明确,那就是通过读书增强自己所学的专业知识,提高自己的学业水平。在此基础上,通过读书扩大知识面,提升自己的业务能力;通过读书补充自己知识的不足;通过好的图书升华自己的思想,陶冶自己的情操,使自己成为一名合格的祖国建设者和接班人。

大哲学家苏格拉底对于读书另有高论。他声称,一册好书,能够引诱他走遍全世界。他是为求知而读书的,读一本书就了解了世界的一个方面。弗兰西斯·培根说:"读书足以怡情,足以博采,足以长才。"读书使人充实,读史使人明智,读诗使人灵秀,数学使人周密,科学使人深刻,伦理学使人庄重,逻辑、修辞之学使人善辩。凡有所学,皆成性格。人之才智但有滞碍,无不可读适当之书使之顺畅。

读书要掌握要领,石钟慈院士讲读书要懂得"厚"与"薄"的关系。读书要力求"由厚到薄",学会做减法。洋洋洒洒的一本书,汗牛充栋的各类参考资料,其关键要点、数据、精华并没有那么厚,归根结底是围绕着一根主线贯穿起来的,因此要避免不求甚解、照抄照搬、充塞头脑和心智,而要善于融会贯通,总结出一定之规。搞研究则要追求"由薄到厚",学会做加法。要充分利用我们大脑中的内容精华进行举一反三,从而推算、演绎、衍生、创新出复杂、厚重的构架竞技和领域。

"读书做人与成才",古往今来的事例更是不胜枚举。美国电气发明家爱迪生于1847年2月生于俄亥俄州一个叫米兰的小镇。7岁时随家迁居密歇根州的休伦港,在那里,爱迪生受到了他一生中唯一的一次为期3个月的正规学校教育后就被开除了,因为他的老师认为他"智力迟钝"。他12岁时,新建的从休伦港到底特律的铁路通车,爱迪生便到火车上卖报,挣钱贴补家用。火车每天要在底特律停几个小时,随车往来的爱迪生就利用这个机会到市里的公共图书馆读书,即使是刮风下雨也从不间断。这位发明家后来回忆这段使他难忘的读书生活时深情地说,这是他一生中"最快乐的时期"。

俄罗斯伟大的物理学家罗蒙诺索夫的成才经历充分证明了读书与成才的关系。他20岁时进入一所可算是高等学府的扎伊康诺斯帕斯修道院附近的斯拉夫-希腊-拉丁学院学习。他把全部课余时间都贪婪地花在阅读图书馆的大量藏书上。在读书过程中,18世纪前期欧洲科学知识的无数涓涓细流,不断汇向罗蒙诺索夫的心田。四年之后,他作为十二名优秀毕业生之一被选送到彼得堡国家科学院大学;又隔一年,被派赴德国留学深造。

1891 年 11 月,24 岁的居里夫人进入欧洲著名高等学府巴黎大学学习。她每天坐在图书馆阅览室的长方形大桌子前面刻苦读书。两年后参加物理学学士学位考试,名列第一。又隔一年,以第二名的成绩获得数学学士学位。

读书不仅可以成才,还是孕育成就的沃土。马克思在大英博物馆从事研究工作达数十年之久,阅读过千余种有关经济学、文化史、技术史等方面的著作,紧密联系当时资本主义发展实际,从而写出了辉煌巨著《资本论》。

《战争与和平》是俄国作家托尔斯泰的第一部长篇小说,全书 120 万字,500 多个人物,内容丰富,卷帙浩繁。托翁为写这部巨著,阅读了大量的历史著作、回忆录和有关报刊资料。鲁迅先生为辑录《古小说钩沉》,曾经阅读了《艺文类聚》《文苑英华》等各类书,从中摘抄珍贵资料的纸条不下 5000 张。

数学家华罗庚曾在清华大学做文件收发工作。他把一切时间都花在读书上，仅一年多的时间，他就攻下了数学系的全部课程，并在国外权威刊物上发表了3篇论文。

列宁战斗的一生——为开创人类历史新纪元，追求和发展马克思主义，探索和总结前人的科学成果等都与读书有关。列宁的忠实战友克鲁普斯卡娅说："图书在弗拉基米尔·伊里奇的一生中发挥了巨大作用。在他从事的那种浩繁的工作中，图书给了他以帮助，给了他以知识，这些知识是他出色地掌握了的。否则，他就不可能成为我们大家所知道的列宁了。"

当代作家王海鸰对读书有一种更高的境界。她说："阅读文学作品可以对人的心灵进行陶冶，还给人提供了一次接近生活的机会。年轻的读者要做一个聪明人，善于从书中吸取别人的生活经验，更好地指导自己的生活。"读张爱玲的《传奇》，读者仿佛进入了落英缤纷的桃花源中，呼吸着满树的芬芳，深深陶醉其中。她写作的文字也在潜移默化中受到张爱玲的熏陶，散发出一种独特而生动的味道。

易中天先生更是语出惊人，他说:读孔得仁，读孟得义，读老得智，读庄得慧，读墨得力行，读韩得冷眼，读荀得自强不息。先秦诸子，家家都要读。一有偏好，就要出问题。

康熙说得更干脆:"读书一卷，即有一卷之益;读书一日，即有一日之益。"读书破万卷，下笔如有神。

古往今来，中外名人对读书做人与成才有着千姿百态的言论，这些至理名言不知鼓舞着多少学子成就未来。针对民办大学莘莘学子对读书的渴求，我们图书馆全体青年馆员不辞辛苦、乐此不疲地牺牲了休息时间，爬罗剔抉，刮垢磨光，在上千种图书与资料中搜索出了一千多条古今中外名人名家关于读书的名言。将这本书奉献给有志于通过读书自学成才的广大学子。愿东方学院广大学生通过阅读这本书来激励自己，立志成才，成为社会主义祖国有用之才和合格接班人。

由于时间仓促，错误和疏漏在所难免，望大家批评指正。

（选自《读书做人与成才——古今中外名人名言集》，黑龙江人民出版社 2008 年版）

《图书馆工作四十四年》

这是一本关于一个图书馆人四十四年职业生涯的独特的书，是一个令人肃然起敬的人生经历的叙述，一个图书馆人的成长足迹，一个图书馆人的奋斗历史。作者霍灿如是黑龙江图书馆界知名研究馆员，毕业于黑龙江大学，1972年开始在黑龙江大学图书馆工作，历任采购员、采编部主任、办公室主任、副馆长和馆长之职。2004年退休后被聘任为黑龙江东方学院图书馆副馆长，2005年被聘任为黑龙江东方学院图书馆馆长。曾兼任中国图书馆学会理事，黑龙江省图书馆学会常务理事、副理事长、学术委员，黑龙江省高等学校图书情报工作委员会副主任、秘书长。1999年被聘为教育部高等学校图书情报工作指导委员会委员。主编《大学生导读书目》《世界风俗大全》《中外幽默集锦》等图书，发表学术论文30余篇。

日前黑龙江大学、黑龙江东方学院图书馆原馆长霍灿如的著作《图书馆工作四十四年》出版了，这本书无论是对于刚刚入职的图书馆新人，还是在图书馆工作多年的老馆员都有着弥足珍贵的指导和参考作用。他对图书馆事业的这份热爱,对从事别种职业的人也会有很大的启发。书中以时间为脉络讲述了他在黑龙江大学图书馆的 32 年和在黑龙江东方学院图书馆的 12 年。作者工作的这些年正是中国社会发生翻天覆地变化的年代,伴随着改革开放,人们的物质生活得到了很大的提高,而作者作为那个时期真正的天之骄子能够甘于清贫,在图书馆事业上一干就是一辈子,这种精神是值得人们赞赏的。这一时期也正是中国图书馆事业从荒芜到繁荣以至于今天走到岔路口的阶段。从书中不难看出作者对于图书馆事业的热爱,这种热爱甚至都融入了作者的生活当中。大家可以从字里行间看到一个平凡而不普通的图书馆从业者的人生踪迹,这也给当下浮躁的社会带来一些冷思考。

　　每当翻开一本小说、一本传记或无意间看到一则故事,总会不自觉地要探究它的深意,循着文字的痕迹寻找作者留在其中的思想。视线和思维随着书的内容游走,你能深切体会到老一辈图书馆人的担当和敬业精神,与作者一起回望黑龙江图书馆事业,尤其是

写
作
篇

黑龙江高校图书馆事业的发展。

《图书馆工作四十四年》，字里行间，再次把人带回到 20 世纪 70、80 年代，中国改革开放开始前夕，身临其境，感受当时图书馆工作的艰难、条件之艰苦。当然主要还是了解当时图书馆工作的状况和老一辈图书馆人的敬业精神，以及为发展图书馆事业所做出的艰辛努力。

霍灿如老馆长在黑龙江大学图书馆兢兢业业工作 32 年，光荣退休后又到黑龙江东方学院工作，为发展民办高校图书馆事业发挥余热，这一干就是 12 年，为我国民办高等教育做出了突出贡献，功不可没，值得后辈学习，霍灿如同志担负起了一个图书馆人的责任！

在这本书中我们还可以通过一些文字了解到这位图书馆的长者对于中国图书馆和情报学事业以及黑龙江图书馆事业所做的巨大贡献。我们在开篇就可以通过黑龙江大学信息管理学院马海群教授的叙述了解到，在黑龙江大学图书馆学专业成立初期，正是由于霍馆长的积极联系和费心帮助，才得以使刚刚建系不久的图书情报学系有了系主任,这才有了之后蓬勃发展的信息管理学院。正所谓"前人栽树,后人乘凉",正是有了这样的一位醉心图书馆事业的人,我们才在之后欣喜地看到黑龙江大学信息管理学院为国家和社会培养的诸多优秀人才。

在 21 世纪之初,黑龙江大学曾举办过"全国高校信息素质教育学术研讨会",这是一次颇有影响的会议。会议举办的时间是 2002 年,这个时间恰逢传统信息素质教育遭遇现代信息技术的影响。这次会议的举办对于厘清当时很多困惑起到了非常积极的作用,并且为信息素质教育指明了方向,发挥了很大的作用,在国内产生了很大的影响。霍馆长作为黑龙江大学图书馆的领导在其中发挥了重要的作用,他在这次会议上的讲话也被发表在《大学图书馆学报》上,后来被很多文章所引用,对中国信息素质教育的发展起到了积极的作用。

在这四十四年中,他先是筹建了黑龙江大学图书馆学专业,为我省图书馆学专业的建设立下了汗马功劳;建立并加强黑龙江省高校图书馆学术组织,研究、指导、组织和协调黑龙江省高等院校图书馆的各项工作;组织黑龙江省高校图书资料系列的评委(专家)向省人事厅申请修改省图书资料系列评审条件,为全省高校图书馆专业技术人员评职晋级创造了良好条件,并极大地促进了专业人才的培养和发展。后又完成了民办高校图书馆125万册藏书的目标,完成了30980万平方米新馆舍的建设,设计了一个现代化图书馆的蓝图。与此同时,霍灿如充分认识到,图书馆馆员作为知识和智力的载体,在图书馆生存和发展中成为首要因素,优秀的图书馆馆员成为图书馆最重要的资源,因而不论在黑龙江大学工作期间,还是到了黑龙江东方学院,他都对馆员发展、馆员队伍建设倾注了大量心血,并采取了许多可持续的保障措施。依托黑龙江大学图书馆、黑龙江东方学院图书馆,践行他"学术建馆和创新服务"的办馆理念。他不仅为推动黑龙江省高校图书馆事业发展贡献了自己的力量,而且在全国高校图书馆评估和自动化建设方面献计献策,以高度的责任感,把图书馆工作做得红红火火、有声有色。

这是一部龙江高校图书馆事业发展的史诗,你可能记不住其中的任何一件事、任何一句话，但是，看完之后你已经熟悉了它的全貌。那是一位对图书馆事业有着一腔热忱的老人，在四十四年的历史长河中奋力划过之后留下的浪花，可能有不为人知的曲折和辛酸，也可能有无法言说的微妙与苦涩，但为了高校图书馆的更好发展，他奋斗了整整四十四年！

作者的亲身经历写下了"白驹过隙兮几人可逾古稀在图，世寿有期兮谁人不愿智化此生"的人生感言。前后四十四年光景，都献给了图书馆事业，我想这是后人无法超越的数字，如今老馆长已逾古稀之年，在其72 岁即将迎来第二次退休的前夕，依然行走在各个学术会议、出国考察学习、图书采购会和培养青年馆员的道路上。我惊叹的是，这一路他并没有心力交瘁的样子，虽然我们知道任何成绩都是付出努力才能得到，而老馆长却依然矍铄、从容，一副一切美好都信手拈来的样子。但你接触下来就会发现，任何人的笑容里不可能没有皱纹，因为热爱和责任，老馆长也会有很多的顾虑和担心；因为想要振兴高校图书馆事业，发展民办高校图书馆事业，便会有更多的苛求和谨慎。

当然书中还林林总总地记录了作者对于图书馆行业的一些思考和探索，现在读来仍然具有启发意义。比如在黑大工作期间为院系和老师们所做的一些支持工作，不正是现在学科馆员的工作吗？还有作者在黑大图书馆和黑龙江东方学院图书馆工作期间对于特色文献的重视，就给当下图书馆在文献建设上注重大而全却缺乏自己的特色的做法做出了一些很好的探索。所有这些对于图书馆从业相关人员都会有一些帮助和启示。

我们总在追随着时代的步伐而不断前进，去接受更多新鲜的事物，去迎合更多新的思想，久而久之，当所谓新的东西越来越充斥于生活时，很多旧的观念就会被人慢慢淡忘。但是，有些人、有些事、有些时间、有些观念，永不能忘……

《图书馆工作四十四年》这本书带我们重走图书馆的发展之路，令人一步步去接近那些在发展中、在历史画卷上留下的一笔或是默默无闻的人。

（《图书馆工作四十四年》介绍，
黑龙江大学出版社 2017 年版）

履历篇

契机——图书馆缘

　　我与图书馆的缘分应从我上小学说起。那是
1953年5月份，我与母亲去内蒙古毕克齐镇看望哥
哥，那时哥哥在毕克齐经营布匹生意。其朋友之弟张
胜利比我大好几岁，在此地读小学。我们因年龄相仿，
经常在一起玩。他领我到家对面的文化宫里借书看。
我也想借几本小人书看，可我没有借书证，他就把借
书证借给我用。借书证就是一张小卡片，上面有图书
馆印章。后来不知道怎么不小心把它给弄丢了，我也
不知道。突然有一天张胜利拿着借书证跑过来问我
说："你怎么把我的借书证弄丢了，幸亏扫马路的清扫
员捡到了还给我。"因借书证上有张胜利的名字和地
址。我当时很是不好意思，把人家的借书证弄丢了，还
不知道，太马虎大意了。这件事让我久久不能忘怀，图
书馆借书证的印象永远留在我的心中，也为我大学毕
业到图书馆工作打下了深深的烙印。

　　第二次与图书馆结缘是我准备考大学的时候。
1964年，相隔十余年之后，那时除在哈尔滨市第二十

二中教室复习功课之外，就是到哈市南岗区的哈尔滨市图书馆自习区看书备考。说也奇怪，在图书馆的环境里，头脑记忆力特别好。因那儿静，有学习气氛，所以我每天都去图书馆看书、学习。

第三次与图书馆更有缘。高考冲刺期间，每天一早我就背着书包到极乐寺去看书。因我家就住在极乐寺下坎，上坎就到极乐寺。极乐寺极为安静。在藏经阁外面环廊内背诵政治、语文、历史等复习题，背题之后记得特别牢，对当年高考很有帮助。藏经阁、藏书楼都是图书馆的前身，藏的内容不一样，但为我考取大学立下了汗马功劳。从小学到高中在我的脑海里都留下了图书馆美好的印象。这与我后来从事图书馆工作和与图书馆结下了不解之缘有着密切的内在联系。

我 的 身 世

根据 2008 年清明重修的《霍氏家谱》记载，我们霍氏由来久远。约公元前 11 世纪初，武王姬发伐纣灭商，立周朝。周武王赐其弟叔处封地为霍，遂建霍国，称叔处为霍叔处，其封地臣民及后代之姓氏皆为霍。

从古至今,霍氏传家有 3000 余年。汉代霍光、霍去病为古代名垂青史之霍氏先人。

霍氏有家谱始于公元 1621 年（明朝天启元年），本族八代孙霍维华首立。霍维华是明万历年间进士，授太子太保、戎政兵部尚书。家谱记载始祖霍谭是明朝永乐二年(1404 年)由今山西高平地区迁河北东光县城北建安东屯，至 2008 年已有 605 年，从霍谭一代起繁衍二十四代。明朝第五代霍德行出身为进士，他从牧令升到师保，中间跳过多级升迁，后入翰林院，诗文皆称千古佳作，父子叔侄同出一科，书画则祖孙相互比美。第九代霍尔昌，清朝康熙年间授枣强训导、怀来教谕。第十一代霍其宣，清授资政大夫、监察御史。十一代霍备，清朝雍正年间授奉天府尹、光禄寺正卿。从明代霍维华以后，读书的，做官的，当贡生、监生的，选明经的代代都有。根据五百年的历史，十四代的支系，习武、读书之风更盛。十七代霍元甲成为清末爱国武术家，霍氏练手拳(迷踪艺武术)尤为出名，被孙中山高度评价，亲笔题词"尚武精神"。家谱从始祖霍谭起算第一代传承到现在的二十四代，我是第二十代子孙。其顺序是第一代霍谭,第二代霍钦,第三代霍仓,第四代霍山,第五代霍守用,第六代霍士臣,第七代霍崇德,第八代霍维炳,第九代霍尔永,第十代霍其宽,第十一代霍方和,第十二代霍天植,第十三代霍祗昌,第十四代霍待向,第十五代霍雨化,第十六代霍献魁,第十七代霍锡存,第十八代霍凤池,第十九代霍树魁,第二十代霍灿如,第二十一代霍光雷,第二十二代霍轲言……本人倍感荣幸,恰逢祖国盛世,2008 年霍氏家谱重修,得以继承和延续下来,造福子孙千秋万代。

我的童年和求学的岁月

我于 1944 年 1 月 8 日出生在河北省阜城县霍辛庄一个贫苦的农民家庭里。这年是农历腊月十二日,窗户外面呼呼地刮着寒风,母亲在茅草房里的土坯炕上生下了一个小男孩。我一出生就是一个苦命的孩子,是"梦生"(遗腹子),生下来就没有父亲。我没有姐姐和哥哥那样出生在天津的优越,他们起码有父亲照料。现时家有两间土草房,窗户是用纸糊的,屋子四面透风。天气很冷,母亲说屋子里的水都是带冰碴的。我没过百天，母亲就去天津处理一些父亲遗留的事，把我扔在家里，靠姐姐和邻里给我喂面糊糊吃，维持生命。等母亲回来，没有奶水了，饿得我浑身变成黑色，奄奄一息，差点没命。没想到在母亲的精心呵护下，我又顽强地活过来。在我不到两岁的时候，姐姐出嫁了，哥哥在外地，从此我就和母亲成了农村真正的孤儿寡母。那年月，母亲还是小脚女人，想想看，我们的生活是多么艰难啊！我还记得，母亲白天下地干活，就把我一个人关在家里，炕上放一个玉米面窝窝头，让我饿了充饥，渴了喝凉水。晚上回到家，等我睡下，她还要纺线、织布，给我们做衣服穿。我从小穿的衣服和鞋都是母亲给我做的。

有一年雨水大，从家到地里要经过一片洼水路面。我从家里跑出来找娘，娘担心的事终于发生了。我光着屁股走到水里边，不知深浅，差点儿被水淹死，多亏遇上村里人把我救了。因为这件事我还挨了一顿打。娘哭着说："以后你再也不许出家门，这要是淹死了，娘可怎么活呀！"等我稍大一些，娘就走到哪里把我带到哪里，娘还风趣地对人说"这孩子就是跟屁虫"。家里因为没有劳动力,种的地也不好,收成不多。我们娘俩只好半年粮、半年糠菜。我记得家里经常吃榆树叶饼子,吃菜粥,真是过年才能吃上白面饺子。

我在七八岁的时候就能帮助母亲干活了,最有意思的是帮母亲捡鸡蛋。家里养了几只鸡,一听到母鸡嘎嘎的叫声时,我就跑到鸡窝里捡鸡蛋,捡回来放到屋里桌上的小罐里。当时鸡蛋用处可大了,可以拿它换东西用。母亲没有钱,就拿鸡蛋换,一个鸡蛋才2分钱,能换一根油条。后来帮助家里打扫卫生,娘常夸我把桌子和地打扫得干净。当八九岁时,我能帮助母亲去村北头的井里打水吃了。我还记得家里有一个大水缸,我用小水桶把缸灌满。井很深,水桶要系在绳子上,放到井里来回摆动才能把水灌满打上来,用小扁担将水挑回家。有一次不小心水桶掉到井里,费了好大力气,才把它打捞上来。

1952年秋季,母亲送我上小学,小学校就在本村。我记得有一位女老师姓吴,和我母亲是一个村的。当时上学要每学期交两升小米,这也是我们平时省吃俭用节省下来的学费。母亲说,无论如何穷,也得让孩子念书。因母亲大字不识一个,知道不识字不行。我的学习还不错,当时在班里我考试成绩不是第一就是第二,也得到了老师的夸奖,我的学习劲头更足了。我母亲没有文化,但是在天津生活了 20 年,知识面很丰富。她常对我说"一三五七八十腊('腊'指十二月),三十一天并不差",我记住了。一天老师在上课时间问同学:"谁知道阳历一年都哪个月有三十一天呀?"我在下面马上说出:"一三五七八十腊,三十一天并不差。"老师笑着问是谁告诉我的,我说这是俺娘说的顺口溜。

我上小学以后,一边学习,一边可以帮助母亲种地了。起初是帮助母亲在地里除草,我还记得母亲为了解除疲劳,一边除草一边唱"扛起小把锄,描起小把农,铲得地里草全无呀喂"。有一次春耕,母亲让我牵牛去耙地(平土),拴木耙子的绳索把牛腿给别住了,我个头小,蹲下拽绳子让牛抬脚。这下好了,牛用腿撵了我一下,好痛啊,你想牛劲儿多大。我从小就学会了种地、打场等庄稼地里的活计,所以现在对种自留地还情有独钟。每天清早起来背上小粪篓到村外头捡粪,身背小粪篓,手拿小铁铲去捡牛粪。母亲常对我说,种地不上粪,等于一年瞎胡混。这一工作一直干到我1956年离开农村为止。

为了解决家里做饭烧柴问题,我还有一项工作就是到村外拾柴火。秋后树叶落了,就用耙子收树叶,当时主要是收杨树叶子,有时还去地里收豆叶。把这些树叶子晒干收藏起来,用于冬天取暖,在关里家没有木材,只能用农作物和树叶子烧火做饭。

我还记得1953年春季学校组织去外村活动。回来后,本村又开会,我和同班霍振堂说起了对口词,现在全词都忘了,只记得两句话:找窍门挖潜力,喊哩喀喳造机器。大意是向苏联老大哥学习制造机器。

在小学四年级时,我们班被合并到邻村油坊口中心小学去念书。本村老师舍不得我离开,因我学习好,考试成绩不是第一就是第二名,有时老师判作业都交给我来做。我从小就爱劳动、愿做活。我还记得帮助老师往回扛面,因老师家住外村,离我们村有十几里路,把几十斤重的面背回来也不觉得累。还有一次老师想喝酒,晚上让我去油坊口村买酒。由于天已黑了,到了村口酒店跟前,有一只狗汪汪叫不停,我很是害怕,结果没买成,遭到老师的批评。现在回想起来,这说明我小时候胆子小,害怕狗。

1953年,我同母亲去看远在内蒙古毕克齐开洋布铺的哥哥。我第一次坐火车,感到神奇极了,在农村只见火车跑,这次坐火车先到天津,第二天转火车到了毕克齐。在哥哥那儿住了三个月,现在叫辍学了,在毕克齐帮助哥哥到税务局送税单,让工商部门验收、检查票据等。我记得最深刻的一件事,就是用粉笔在大街墙面上写标语:人民解放军万岁!毛主席万岁!中华人民共和国万岁!我从小就知道没有共产党、毛主席,就没有我们的今天。爱党爱国之心油然而生。看着自己在墙上写的标语,我感到洋洋得意。可是后来有人找到哥哥说,你家小孩在墙上乱写标语,不文明。遭到哥哥的批评,心里还不服气。仔细想想,还是不要在墙壁上乱写乱画啦!在毕克齐还发生了一件十分有趣的事,就是把人家借给我的借书证给弄丢了,自己还不知道,最后借给我的人找到我,说捡到了我弄丢的借书证。真是无巧不成书。没想到在孩提时发生了借书证丢失的事，我大学毕业后又到图书馆工作，这是不是人生中的一种巧合呢？

我随母亲探望哥哥三个月，回来后母亲领着我找老师复学。老师说复学可以，但要重上四年级，等于降一级了。到上小学四年级时，正赶上与油坊口中心小学合并。在中心小学时，我的学习也特别好。我写的一篇作文给老师留下深刻印象。我还记得那篇作文逻辑性强，用了"首先""其次"等划分段落的用语。临行时老师对全班同学说："他是咱班最优秀的学生，我真不愿让他离开。"

1956年春天，哥哥接我到哈尔滨，从此我离开农村老家，开始了城市生活和学习。到哈尔滨以后暂住在姨母家里。姨母是我母亲的二姐姐，比我母亲大三岁。她也是一个小脚老太太，一人带领三个孩子度日，生活也很困难。听说姨夫是在松花江上跑船的，是船上的一名厨师，1953年轮船爆炸时身亡。说起来我姨母也是个苦命人，靠自己缝补衣物、省吃俭用把三个孩子拉扯大。我还记得每天都吃高粱米饭和咸菜度日。我哥哥在哈尔滨找到工作以后，还帮助姨母家买米买面。我和哥哥在姨母家住了几个月,哥哥就在哈市道外区承德街租了一间房子,我们就搬走了。为了我上学,哥哥领着我到了附近的三育小学读书。我还记得语文老师(也是班主任)姓高,通过面试和提问,让我跟四年级就读。我从关里来时就是少先队员了。"六一"时,学校举行篝火晚会,我第一次参加"六一"庆祝活动,心情可高兴了。由于刚来到哈尔滨,口音还是河北口音,自己一说话,同学们都笑我,叫我"小山东"。可是我学习好,慢慢大家都不另眼看待我了。说也奇怪,我很快就把乡音改正了,融入新的集体里。

小学毕业时,按我的学习成绩排,我在保送之列。这里有一个小故事,班主任耿老师问我父母做什么的,现在叫政审。我告诉他,我从小就没有父亲,只听母亲说父亲活着时在天津开包子铺。这下麻烦了,父亲在新中国成立前在天津开包子铺,算是小业主成分,不能被保送。其实我家定的成分是贫农,而且祖上三代都是贫农。就这样,有些同学还问我怎么没被保送。我说不保送就自己考吧,我是蛮有把握。1958年,经过考试,我被录取到哈尔滨市第二十二中一年七班,开始了中学时代。

中学时代,我们在校园里既要上课,又要劳动。为了让同学们积极参加劳动,我还写过一个顺口溜。我在班上个子最高,个大力不亏,干的活也多。年终,学校进行了表彰,我获得了积极分子的光荣称号,我们班获得了先进集体称号,学校奖励小足球两个、锦旗一面。我不仅学习好、劳动好,而且通过各方面的表现,初二时就当上了少年先锋队中队长。我非常感谢学校的党团组织对我的培养。初中二年级时我还光荣地加入了共青团。根据我的家庭情况,从上初一起,我就享受了每月7元的助学金,当时在生活上解决了我的学习和吃饭问题。

初中毕业时,我以三好学生的优秀成绩被保送到高中,还是就读于哈尔滨市第二十二中,因该校就有初中部和高中部。进入高中,我被选为班长。每天除学习以外,还负责上课前点名,上下课时负责向老师和同学喊"立、礼、坐"。当班长时还兼团支部宣传委员,负责学习政治时事和宣传学校党团组织的有关指示等。在读高中时正赶上三年困难时期。我除了上学念书,还要去哥哥的单位——庙台子火车站种地。暑假帮助哥哥卖菜、卖香瓜等,挣钱维持全家生活;寒假去火车站帮助哥哥卸货、卸煤、卸粪,挣钱添补家里的生活费。当时哥哥一人挣钱养活母亲、嫂嫂还有四个孩子,一家八口人。由于全家勤劳,自己种点地,三年困难时期,我们全家没有挨饿。读高中时我可以说是一边读书一边挣钱,勤工俭学过来的。我被班主任老师看到在承德街桥头卖香瓜时,也管不了那么多了,因生活所迫,只有这样才能帮助家里和自己念书啊!我在读高中时仍然享受国家助学金,每月8元。所以我十分感谢我们的党和国家,是党和国家帮助我上学念书的。否则,根据当时的家庭情况,我是念不起书的。高中毕业时,社会上出现了董加耕、邢燕子等知识青年到农村去的热潮,我们班徐特令等同学提出不参加高考,要求直接到农村去锻炼自己。这时班主任汪安民老师动员我和团支部书记张瑞清同学向他们学习,到农村去锻炼,大显身手。我的态度是"一颗红心,两种准备"。考不上大学,坚决到农村去锻炼自己。嘴上这么说,可压力是很大的。还有同学到我家动员我,但我的态度很坚决。老师最后也同意了我的观点。1964年我考取了黑龙江大学,成为外语系英语专业六四级一班的一名学生。

这一年考试完毕,在暑假期间,还是到庙台子火车站种地。我记得种的有玉米、黄豆,长势喜人,还种了各种蔬菜。七月份接入学通知书时,我正在承德街大桥头上卖香瓜。拿到通知书时一看是黑龙江大学,就是我报的第二表第一志愿。我第一表第一志愿是中国人民大学,因分数不够,就被第二表录取了。我当时还是很高兴,就把这一消息告诉母亲和哥哥嫂嫂,他们也喜出望外。我们家终于有人上大学啦!也是我们家祖祖辈辈第一个大学生。那个时候,考取大学也没有什么特别,觉得是人生很自然的事,也不会举行什么庆贺活动,就和自己考上初中、高中一样平常。我还记得报到那天, 我自己按通知书要求打了一个行李卷,骑着自行车,驮着行李从道外奔向南岗,沿着大直街找到学府路来到黑大,感觉路途好远啊!到学校报到登记,由六三级老生送我到十三号楼学生宿舍。宿舍门上有我的名字,名下豁然写着"寝室长"三个字。

给我的第一个职务是寝室长。

英语六四级一班共有十六人。开学后第一周开始新生入学教育,辅导员是王翌新老师。王老师宣布我是班级团支部书记,班长是刘玉珍同学。然后我推荐孟宪成同学当组织委员,刘小曼同学当宣传委员,组成团支部委员会。刘玉珍组成了班委会。班级组织健全后进行和开展了社会主义入学教育活动。社会主义教育后,正式上课。教我们英文的老师是一位和蔼可亲的年长者,名字叫周恣安。这位老师年纪在50多岁,教学严谨认真,英文发音十分标准。当时给我们高考面试的就是周老师。他只教了我们一年英语课,第二年由于身体不好,给我们换了姚伟丹老师。他先是教俄语的,后改行教我们英语。教政治课的是毛金先老师。崔重庆老师教古汉语,他是北京大学王力教授的学生,每逢上课都讲王力先生是如何讲的,他是怎么认识的,给我留下很深的印象。教现代汉语的是周蒙老师,他讲作文如何写,还表扬过我写的作文如何好。

我们入大学以后,正是全国开展社会主义教育运动的时期,对同学在政治上要求很严格,除学习专业课外，还要参加集体劳动。我还记得当时到黑大农场搞秋收劳动一周，与黑大农工同吃、同住、同劳动。在这方面，因为我过去种过地，所以劳动起来很顺手，就带领全班同学圆满完成这次秋收劳动。我国第一颗原子弹爆炸时，我们正在农场劳动，我们大家还举行了庆祝活动，大家甭提多高兴了。其实我们在大学学习英语就两年时光。这两年不光是学习英语，学校各种活动特别多，组织、参加过校劳动，参加民兵训练与拉练等。同学们政治热情很高涨，人人都要求进步。班级非团员同学纷纷写入团申请书，进行思想汇报。我作为团支部书记与他们谈话，交流思想。对于学习外语的同学要求走"又红又专"的道路。在我的帮助下，班上先后有黄贵清、吴萍、孙守奎、于丽卿等同学加入了共青团。

在近两年的多项活动中给我印象最深的两件事，其一是外语系英语、俄语、日语三个专业的学生进行忆苦思甜会。因为我出身贫苦农民家庭，老师选中我进行忆苦思甜。我讲起自己父亲受苦受难的情景和我自己小时候吃的苦。父亲从小成为孤儿，长大后给地主扛活,住在牛棚里,由于潮湿,浑身长满疥疮,忍着疼痛仍给地主种地,过着牛马不如的生活。自己小时候失去父亲,与母亲种几亩薄地,过着食不果腹的穷日子,倍感今天幸福生活的甜。其二是1965年秋季黑龙江省召开农协大会,向全校师生介绍农村发展情况,农村仍然比较贫困。我作为一个农民的儿子,我要为农协做点事,于是我把自己积攒的十元钱交给辅导员王翌新老师,让她捐给农协会,我还为农民写了一封信,表达我的一片心意。

大学毕业后,我被分配到呼兰县哈尔滨外国语专科学校。家在哈尔滨,周一坐通勤车去呼兰学校上班,周六坐车回哈尔滨过星期天。经过一年多时间,1972年哈尔滨外国语专科学校与黑大合并,我被重新分配到图书馆工作。在图书馆工作到2004年退休。后来的经历见我的著作《图书馆工作四十四年》。

过 大 年

我童年的时候最期盼的是过年。我还记得,一进腊月(农历十二月),母亲就开始忙活上了。一是磨面,

履
历
篇

205

将自家种的小麦放在磨盘上，让小毛驴拉磨。磨盘是用石头做成的，分上下两块圆形的石磨，当上面磨盘一转动，小麦就顺着磨盘上的孔洞流到两块磨盘的中间，随着磨盘的转动将小麦磨成粗面粉，再用细箩筛过后成为食用的面粉。我帮母亲筛面打下手。二是蒸年糕，把自己种的黍子(带皮的黏米)脱粒成大黄米，再用碾子磨成黄米面，用黄米面做成年糕。以上两项工作要在村里排队等候，需要一两天时间完成。

到腊月二十三那天，是灶王爷升天的日子。我们家里在锅灶台上方供着灶王爷和灶王奶奶的画像。母亲告诉我，灶王爷是玉皇大帝的弟弟，此人一生好吃香的喝辣的，还离不开自己的老婆灶王奶奶，所以灶王爷和灶王奶奶在一起。又因他好吃香的喝辣的，就离不开锅灶台，我们做好吃的，他们都能吃到。灶王爷两边还有一副对联："上天言好事，下界得平安。"到腊月二十三供灶王爷上天这天，还要摆上供品糖瓜加灶糖和一把谷秆子(也叫喂马料)。晚上将灶王爷画像焚烧升天，意味着灶王爷上天见玉皇大帝去了，供灶糖是为了把灶王爷的嘴给封住，上天只能言好事，保佑全家人平安！我还记得母亲说的一段过年的歌谣:糖瓜辞灶,新年来到。闺女要花,小子要炮(鞭炮)。老头要顶破毡帽,老太太要个臭裹脚(包脚布)。腊月二十八我就跟着村里大人们去东光城赶集,买些鞭炮回来放。当时自己就十来岁,步行十几里路感觉很累很累的。但是心里从内到外的高兴,过年啦!有一次赶集到鞭炮市场,遇上一车鞭炮不小心被点燃了。鞭炮噼里啪啦地响了半天,声音响彻云霄,太过瘾了。可是卖鞭炮的赔惨了。

过年更有意思的是母亲蒸年糕,用黏米面蒸成小窝头状的年糕,周边放几个小红枣,意味着年年高,特好吃。现在家乡还有过年蒸年糕的习俗。母亲最拿手的是用白面蒸千层糕。发好白面,擀成圆形的饼,共有十来张,饼状底层大,越往上层越小,夹层放上小红枣,蒸熟了就成了千层枣糕,意味着今年步步高,叫作"高干"。年糕和"高干"我特别喜欢吃。这两样东西从正月初一一直吃到二月二龙抬头。大年三十,母亲开始给佛祖上供,把蒸的馒头点上红点,还做一些桃状和佛手状的小糕点,加上千层糕,再供上四个素菜一起给佛祖吃。三十晚上上好供品,开始烧高香,一夜不能停,求佛祖保佑全年风调雨顺、五谷丰登,保佑全家平安顺利。大年初一吃饺子前给母亲拜年。只见母亲坐在椅子上,我先给母亲磕头,后问娘好,母亲也祝福儿子好。一清早,全村成群结队的晚辈们给长辈拜年。当时,只见满院子的人跪倒一地,齐声喊着给母亲拜年。之后我跟随母亲到长辈家里拜年。拜年磕头这种习俗一直延续到母亲1994年去世为止。我还记得有人三十晚上半夜来给娘拜年的。我就问母亲,他们为什么半夜来咱们家拜年。母亲告诉我说:"这是因为他们家过年买不起新衣服,白天怕人笑话,晚上出来天黑,人们发现不了。"哦,我明白了,原来是这样。过年在我的幼小心灵里留下了难忘的回忆。

捡甲鱼蛋

因我家住在运河岸边,除了到运河里游泳和抓鱼外,最有趣的是到运河边沙滩上捡甲鱼蛋。每年一到运河水旺季,河里的甲鱼特别多。家乡有个俗语说:"涨水的甲鱼,瘦水的鱼。"即是涨水甲鱼多,落水鱼儿多。我们村有个叫顿爷的,专门到河里钓甲鱼,他用炸熟的燕子肉做饵钓甲鱼。甲鱼最爱吃炸熟的燕子肉。每年他家里有一个大水池,养了好多甲鱼。我们一帮孩子经常到他家去看水池里的甲鱼。有一天,他对我们说,河边沙滩上有甲鱼蛋,你们去捡吧!我们几个小孩不知道什么地方有甲鱼蛋可捡,就请教他。他告诉我们,甲鱼下蛋是到岸边沙滩隐蔽的地方,在那里扒个坑把蛋下到里面,一窝要有十几个蛋,然后用沙土掩埋好,甲鱼就趴在上面孵蛋,一般十几天才能孵出小甲鱼来。甲鱼孵蛋时很警惕,一有动静,就跑到水里去。所以捡甲鱼蛋时不可能捉到甲鱼。但是有一个小窍门,就是在沙滩上有草丛的地方,发现有一块平滑的沙面,扒开沙土一看,里面准有甲鱼蛋。捡甲鱼蛋要在盛夏炎热的季节。好,我们遵照顿爷的指引,出发了。当时找了好半天,终于在一块平整的沙土下面找到了八个甲鱼蛋。甲鱼蛋像乒乓球一般大小,比乒乓球稍微扁一些,是白色的。当时大家兴奋极了。现在回想起来,每个甲鱼蛋都是一个小生灵啊!但是在那个年头,捡到甲鱼蛋,能吃上蛋又是多么幸福和难得呀!

农 家 谚 语

母亲把家乡过年从正月初一到初十的天气好坏与农作物的收成好坏编成农家谚语,到现在我还记得清清楚楚。河北老家每逢过年,从初一到初十都盼望有个好天气。而把天气好坏(阴天还是晴天)与每年的农作物生长好坏联系起来是很有趣的。编成顺口溜说出来,叫作"一红、二白、三黄、四黑、五糜、六秫、七谷、八麦、九果、十菜"。翻译过来的意思是:初一晴收红色农作物,如红薯、花生、红豆等;初二晴收白色农作物,如白豆、芝麻等;初三晴收黄色农作物,如黄豆;初四晴收黑色农作物,如黑豆类;初五晴收糜子(一种谷类);初六晴收秫类农作物,如黏米等;初七晴收谷子(脱粒小米)类;初八晴收小麦农作物;初九晴收各种水果;初十晴收各类蔬菜。这种民间顺口溜,到现在我还能数上来。是否应验,我从来没有考证过。这就是当时农村的顺口溜,图个吉祥。

一九五四年发大水

我记得小的时候,家乡的大运河年年发洪水。河西、河东村民每年都要组织农工修河堤和筑堤阻止运河洪水泛滥。当时村民组织民工修河堤是义务劳动,不给报酬的。因我们家就住在运河西岸边上,各地抽调的民工就住在我们村子的各个家里。我们家被分派了有五六个人。每天母亲忙着给他们做饭。其中有一个民工还经常给我讲故事听。

有一天半夜里外面下着大雨,我醒来听到外面有敲锣的声音,不一会全村响成一片,叫喊道:运河决堤了! 大家快起来到河堤上去。民工们领着我就往河堤上跑去。因外面下雨,大家都躲在堤坝上的草窝棚里。决口很快被民工们给堵上了, 避免了一场大的灾难。第二天天亮才知道河东安东屯方向决堤了,离我们很近,就隔着一条河。白天,我同村里几个同学去看决堤口。吓,只见决堤口有十几米长,运河水的浊浪奔驰而下,发出轰鸣的涛声,太吓人了。幸好岸下是一片田地,没有村庄,若是河西岸决堤,下面全是村庄,全村淹没,将会有多少人家破人亡啊!那一年祸不单行,除了运河发大水,天气也在作怪,一连下了六七天的大雨和小雨。我家住的房子在村中央北面,整个村子是东西走向,中间一条大道把村子分为家南和家北。由于连续下雨,整个村子都积满了水,村子中央的大道就成了一条小河。在这条小河上都能行船了,可见当年水势有多大。我们家住的是小土房,就是用土坯垒成的房子。由于长期下雨,外面下大雨,屋里下小雨,母亲在屋里用大盘、小盆接屋顶漏的雨水,为了防止房屋倒塌,房子里外用木柱子支撑上。母亲晚上根本不敢睡觉。有一天晚上听到后屋"轰"的一响,可给我们娘俩吓坏了。原来是后屋墙面倒了发出的声音,幸亏屋顶没有塌下来,否则我们娘俩都完了。第二天赶紧找人给垒上,不然真的要房倒屋塌。

我到现在还记得,有一天下午,外面还下着雨,突然听到外面有人喊:快去救人啊!霍树桐家房子倒塌了!里面有人啊!我们跑到村西头一看,有不少人正帮着从倒塌的房屋、泥土里往外扒人,不一会儿从泥土里找到了两具尸体,这两具尸体就是霍树桐父子俩。

后来才知道，原来他们父子俩发现房子要倒塌，抬着两根柱子进屋准备支住它，就在支撑时，房子塌了，把他们父子俩砸死在里面。由于是夏天，天气又炎热，怕尸体腐烂，就草草用棺木掩埋了，当时墓坑下面都是水。1954年的那场大雨直到现在我还记忆犹新。时隔半个世纪后，我再回到故里，看到大运河都枯干了，村南头的两个大池塘也无影无踪了。我的家乡变成了种庄稼靠打井灌溉了，真乃"沧海五十年，良田五十年"的两重天。

小时候最大的爱好——看电影

我读小学和初中的时候，最大的爱好就是看电影，几乎把手头攒的几毛零钱都用来买票看电影了。印象最深的是去南岗铁路俱乐部看露天电影(指电影屏幕挂在俱乐部两棵大树中间，不是在电影院内的电影)。电影的名字叫《冲破黎明前的黑暗》。这部电影是描写八路军抗日最艰难的时期，日本军队大扫荡，采用"三光政策"，即"杀光、抢光和烧光"，残酷杀害老百姓的故事。我见到杀人情景好害怕，晚上就做噩梦被吓醒。我记得当时看电影对中小学生有优待。我拿着小学的记分册,证明自己是学生,到东北电影院看《寂静的山林》,花 1 角钱买票。由于个子长得高,检票工作人员不相信我是小学生,便拿过我的记分册问我考试成绩,看我是否答对。我十分自信地告诉他,算数、语文都是 5 分(当时学习成绩是 5 分制,5 分为满分),工作人员看我答对就放我进去。我最爱看抓特务片和战斗故事片,这样的电影我从来不放过,看过的电影有无数个。记得上映的译制片《边塞擒谍》《水银湖上的魔影》,国产片《夜半歌声》《斩断魔爪》《山间铃响马帮来》《冰山上的来客》等。神话故事片也爱看。我还记得领着母亲到东北电影院看《一江春水向东流》,看过《天仙配》《牛郎织女》《柳毅传书》。总之,看电影的习惯一直保持到上大学。

初二新年联欢会惹的祸

1959 年新年联欢会,我们的老师唱了一首搞笑的歌,歌词大意是"在那遥远的地方,有一个秃老亮,他那光秃发亮的脑袋,好像明媚的月亮",引起大家一片笑声。散会后，大家都跟着老师唱起来。一天放学后，我来季洪海同学家学习，一边学习，一边唱这首搞笑的歌。刚一唱完，只见季洪海的父亲从外屋走进来，很生气地打了季洪海一巴掌，且骂道："小兔崽子，你骂你爸呢？"当时我一头雾水，后来才恍然大悟，原来他爸爸刚剃了个光头，脑袋锃光瓦亮的。现在我们都七十多岁了，我们的老人们都走了，这首歌惹下的祸事，让我们永远不能忘怀。

我的祖父霍凤池

我的祖父霍凤池在家排行老三，最小。曾祖父霍锡存对他从小偏爱，惯得他脾气不好，性情暴躁，在村里爱打抱不平。长大后，曾在村里任"地方"，即在一方面管点事。听母亲讲，有一次村里有一家办喜事，他参加后，嫌人家酒席不好，喝醉了酒。从村西头骂到村东头，大声喊叫着："红白肉两片，他娘这是什么破席啊！"村里邻里街坊没有人敢惹他。回到家以后，见祖母正在院子里纺线（农村用纺车，自己纺线织布），一脚把祖母纺线的车子踢翻，祖母都吓哭了也不敢作声。总之,祖父在村里和家里都很霸道,因脾气不好,好生气,五十多岁就没了。祖母比祖父还早走一年。他们扔下父亲,父亲就成为孤儿。

我的父亲霍树魁

我的父亲霍树魁,原名霍树云,七岁丧母,八岁丧父,从小就成为孤儿。我父亲有一个姐姐当时已出嫁,有一个哥哥离家出走,至今下落不明。父亲孤身一人没人管,九岁便被送到东光县的一个道观当了一名小道士。每天给老道长端茶倒水,早晨给道长端尿盒倒尿。白天干一些杂活,道长给口饭吃,就这样干了六年,十五岁时被送到地主家扛活,现在叫打工。我父亲长得高,干活有力气。在地主家扛活五年,什么农活都干了,种地、锄地、收割,样样精通。给地主扛活期间,因住在牛棚里,地面潮湿,结果身上长了疥疮,身体发痒难忍,就用手抓破,伤口流脓流水,也没钱治,遭了不少罪。每天吃糠咽菜,有口饭吃。就这样的生活,熬了五年。

二十岁时听给地主扛活的伙计说,到天津打工比给地主扛活好，每天吃得比这儿好，父亲便跑到天津卫，给一家开包子铺的老板打工。每天给老板挑柴、打水、和面、剁肉馅、包包子。我父亲能吃苦，从不偷懒，特能干，受到老板的好评。三年以后，老板说："你手艺也学成了，我看你人很忠厚老实。我给你几块现大洋（当时市面流通的银圆），自己租个铺面开个包子铺吧！"我父亲谢过老板以后，自己在天津拐角另一个地方租了一间小房，开起了包子铺。开始一个人干，自己蒸包子自己卖。由于天津包子做得好，每天都不够卖。后来就把老家的叔侄和姐姐家的外甥找来，共同打理包子铺，自己成为真正的老板。生意越做越红火，卖包子挣了点钱，这时候老家的姐姐就想给父亲成个亲。我父亲三十岁那年就把我母亲吴金善从关里老家娶到了天津。当时母亲十七岁，父亲比母亲大十三岁。母亲过门以后，开始照顾父亲生活，帮父亲打理家务。一年以后，我大姐出生了，后来有了大哥和二哥。父亲的生意一天比一天好，包子铺不大，但积少成多。几年工夫积攒了八十块现大洋。听母亲说，父亲从小没人管，很是恨老家霍辛庄。于是父亲把钱给了岳父母家，当了三十亩地,租给村里人种,每年能收一些租子,这时候家境算是比较富裕了。

在父亲四十五岁时,我二哥不幸夭亡。祸不单行,这时遇到了本村霍树仁,他当时在天津卖药糖,能说会道。见父亲小发达了,想来入一股。好心的父亲认为是同族哥们,乡里乡亲,就同意了。没想到上了人家的圈套。四十八岁那年,眼看着自己经营的包子铺变成霍树仁的了。在那个时候,霍树仁仗着自己的社会势力,硬是霸占了我们家的财产。父亲起诉,与霍树仁打官司,总是输,最后连老本都输光了。父亲连上火带生气,五十岁就病倒了,再也没起来。当然霍树仁没得好报,他这个人恶贯满盈,新中国成立后就被镇压了。父亲的一生是悲苦的一生。由于他勤劳,特别能吃苦,任劳任怨,他在我们老霍家也是一位筚路蓝缕、开辟山林的人物。

含辛茹苦培养后人——我的母亲

苏联作家高尔基写了一部伟大的小说,叫《母亲》;朱德元帅写了一篇回忆母亲的文章,流传千古。

对一个家庭来说,伟大的人物莫过于母亲。

母亲霍吴氏,原名吴金善。后因善字与佛结缘,改名为吴金忠。1907 年 7 月 12 日出生,在家里的女孩子中排行老三,还有一个哥哥,兄妹四人。因家庭贫寒,从小就把她给了外村人抚养。听母亲说,她在寄养的人家挨打挨骂,不被当人看。曾在她幼小的胳膊上接种疫苗,供村子里其他小孩子用,她的胳膊红肿化脓,疼痛难忍。由于受不了虐待,她就偷偷跑回家中,在家里帮助父母干活、种地,艰难地生活着。到了上学的年龄,父母无钱供她读书,所以母亲一个大字也不识。到了 17 岁,嫁给了在天津开包子铺的父亲,从此在生活上有了保障。后来为父亲生了三男一女。由于父亲比母亲大 13 岁,也是穷苦人出身,积劳成疾,在 50 岁时就病故了。这样,母亲一个弱女子在天津无法维持生计,于 1943 年秋回到河北农村老家。当时姐姐 18 岁,哥哥 15 岁,我还没出生。到老家以后,姐姐出嫁了,哥哥去了外地。

1944 年 1 月我出生了。当时在家就是我和母亲俩相依为命,真正成了孤儿寡母。母亲才 37 岁,一个小脚女人靠种几亩薄田维持生活。春忙时，母亲靠村里老乡帮忙。等人家把地种完了，才能帮我家种，家里又没有耕畜牛，只能借别人家的用，总之种地之事得处处求人帮助。求人的难处可想而知。我还记得雇劳力帮助锄地得给人家做面食吃，可家里没有面粉，母亲只好与邻居借两升面粉，烙饼给人家吃。我当时就站在一旁看人家吃白面饼，馋得直咽唾沫。我与母亲平时吃的是粗粮和野菜，过着"半年谷子半年糠"的生活。到了秋收的时候，又得求人家帮忙。若是赶上阴天下雨，雇人更难，真是求爷爷告奶奶，难上加难啊！我记得母亲常对我说的一句话就是："求人真难啊！"当时叫着我的小名九如，说："你长大以后，别人求你帮忙，一定要帮啊！你知道求人多难啊！"更可怜的是遇上灾荒年，更是雪上加霜。母亲就是过着含辛茹苦的艰难日子。真是不容易啊！

1956年，哥哥把我和母亲接到哈尔滨，摆脱了农村的艰难生活，开始了城市生活。但是只靠哥哥一人挣几十元钱，养活自己、母亲、嫂子和我四口人，生活依然很困难。这时母亲又承担起繁重的家务劳动，先后给哥嫂带大了四个孩子。为了生活，除带孩子以外，还在家养猪、养鸡补贴生活。母亲一生没有参加工作，就是为家奉献了自己的一切。1970 年，母亲搬到我们家，又给我们带大两个孩子。母亲就是这样默默无闻，含辛茹苦，为家里奉献了一生！

母亲做的最伟大的事，就是自己生活再艰难，也不让我放弃上学，一心供我上初中、高中、大学，才有了我的今天。我还记得，母亲为了供我上学，为了挣几块钱补贴家里生活，曾给人家当过佣人，给人家做饭、洗衣服。她用第一个月挣的几元钱给我买了一双球鞋，当时我正在读高中，穿上新球鞋甭提多高兴了。我当时穿的鞋都是母亲给我做的布鞋，能穿一双球鞋，心情可想而知。岂不知，那是母亲挣来的血汗钱啊！

在我家最困难的时候，曾有好心人劝母亲带我改嫁，找一个生活好点的人家。母亲说："我至死不改嫁！"母亲不愧为贞节烈女！一个女人从 37 岁守寡到 88 岁病故，在老霍家坚守了 51 年，是一位多么伟大的母亲啊！母亲高贵的品德、善良的人品，时刻在激励着我前行。

母亲的伟大之处还有不怕困难，意志特别坚强。她为我们家奉献了自己的一生！母亲一生平凡，但在我们心目中，她十分了不起，她的言传身教、她的平凡话语时刻在我们的心中响起。她不怕困难、迎难而上、认准的路一直走到底的精神是多么伟大呀！母亲的乐观向上影响了我的一生。

此外，我还有母亲留给我的几个记忆片段。

一、磕头

听母亲讲，我在三四岁时在农村见谁就给人家磕头。我出生在霍辛庄，村子不大，就有几十户人家。村子中间是一条道，我家住在村中间，母亲去村外种地，就我一个人在家，有时就跑到院外面玩耍，有大人叫我给他磕头，我就趴在地上磕头。村里朱奶奶见状就喊道："这孩子没人管，你们不要欺负他小孩，叫人家磕头。"这段记忆我怎么也回忆不起来。因母亲信佛，供佛，在家里佛前磕头，我可能就模仿她，正好村外有人叫我磕头，我就见人如见佛，见佛就磕头。母亲后来对我说我长大后一定有福报，这不我考上大学，又有稳定工作了，成家立业。

二、母亲常说的歌谣

小大姐,小二姐,洗白手,插花鞋。插得花鞋没地方放,放在大官木梁头上。大官看见挺喜欢,二官看见要娶她。爹也哭,娘也哭,姑爷过来劝丈母。丈母丈母你别哭,你闺女到俺家受不了委屈,受不了罪,穿花衣,盖花被。金灯配银灯,你闺女配相公。

棠梨子树,棠梨子糖,棠梨子树上盖瓦房。一座瓦房没盖起,大姐二姐来道喜。大姐抱着金娃娃,二姐抱着银娃娃。剩下三姐没地抱,一抱抱个大蛤蟆,走一走啊一啊,死不了的小冤家。

三、劝人孝敬父母的歌谣

一碗白菜似海深,不见娘亲见谁亲。打小没娘怎么长大,长大成人报娘的恩。

传奇的一生——我的哥哥霍灿琪

霍灿琪 1930 年出生于天津卫,小学文化,后来自学成才,写得一手好毛笔字。由于父亲在天津开包子铺,生活比较富裕,他小时候衣食无忧。

我的哥哥从小聪明、顽皮、淘气。听母亲说，因哥哥不好好念书，没少挨父亲的打骂。有时候打得挺厉害的，用烧红的铁钩子往身上打，至于后来腿上都留下被打的伤疤。被打的原因是逃学到运河边玩水和抓蛤蟆。父亲忙于活计，根本看不住他，又怕他被水淹着，不让他去，哥哥就偷着去，因此父亲抓着他就打他。任凭怎么打，也改变不了他的天性，他依然我行我素。一天，他外出玩，在街上遇到一个麻脸夫人，他开口就嘲笑人家脸上长了麻子。于是一边走，一边念道："麻一麻二麻三四，麻娘养活麻孩子！"这下惹怒了人家，人家找上门来向父亲告状，结果哥哥又让父亲打了一顿。总之我的哥哥小时候十分顽皮淘气。

因哥哥不愿上学，父亲就让哥哥学门手艺，将他送到附近的铁器工厂做学徒。因他才十几岁，好动顽皮，吃不了辛苦。工厂管得又比较严格，进厂以后就不让出厂门。他想出来，怎么办？他发现开机器用电，一停电就不用干活了。有一天，他偷偷把人家工厂的电闸拉断，从窗户逃出了工厂。厂主找到我们家，让父亲赔偿损失，从此再不让哥哥去工作了，现在叫被开除，永不录用了。后来父亲也没办法，只好让哥哥帮助他卖包子。哥哥就挑着担子在天津大街上叫卖包子。哥哥卖包子还行。父亲临终前对母亲说，将来这孩子卖包子也能养活你了。

父亲去世后，哥哥挑起了一家重担，当时哥哥才十五岁。后来包子铺资金被骗，开不下去了，哥哥同母亲一起回到河北老家，靠种几亩薄地维持生活。老家是农村，生活太艰苦了。一年忙到头，过着半年糠半年粮、饥不饱食的生活。这和在天津形成鲜明对照，在天津吃的是白面，在家里吃的是糠菜。后来，哥哥到绥远（现内蒙古呼和浩特）我大姐姐家。我大姐嫁给了一个商人，在绥远开布店，布店二掌柜的是我姐夫的父亲。二掌柜见哥哥精明能干就收留了他，让他当店铺小伙计。干了一年以后，二掌柜的给他拿一点钱，让他自己开个小店。哥哥在毕克齐开了一个布店。1953 年，我随母亲去毕克齐看哥哥。店铺是租的，不大，前面是店，后面屋里住人。因大哥头脑灵活，有经营头脑，布卖得还算可以，但盈利不大。1954 年公私合营，哥哥一看买卖不好做，想找个正式工作干。这时我还有一个二姨在哈尔滨。1954年底，哥哥把布店退掉，跑到哈尔滨投奔二姨。

1955年，正好赶上哈尔滨铁路局招工，经过考试合格后，哥哥被录用。起先的工种是铁路维修——砸洋镐。就是背着长把镐头检查铁路线上的铁轨钉是否松动，发现松动再固定住，简称砸洋镐。每天风里来雨里走，风吹日晒，简直换了一个人似的。但是对他来说有工作了，成了正式铁路员工。起先在二姨家居住，1956年在哈尔滨道外区租了一间小房。这算在哈尔滨有了工作、有了家啦！于是哥哥就想把母亲和我这个弟弟（当时我才十二岁，在关里家上小学）接到哈尔滨来。1956年夏天，哥哥把农村老家里的东西搬到哈尔滨，我也一起先到哈尔滨。母亲1957年才同嫂子来。从此，我离开了农村老家，来到城市哈尔滨，是哥哥改变了我的人生命运，我由农村户口变成城市户口了。这时，哥哥、嫂子、母亲和我一家四口都成为城市居民，开始了城市里的新生活。哥哥一人养活四个人，当时工资就几十元钱。和哥哥在一起，我才真正发现他聪明能干、头脑灵活，一心把家庭生活搞好，动脑筋想了许多办法。

1958 年, 哥哥在黑龙江省帽儿山火车站工作, 利用业余时间, 在山脚下开垦了一片地种玉米和大豆, 秋天收获了玉米和大豆, 用来补贴家中的生活。那年我刚上中学, 暑假期间就到帽儿山打工挣钱。我记得是在山坡上挖树苗坑, 栽树苗。挖一个 50 厘米见方的深坑, 给 9 厘 8, 不到一分钱。我每天要挖 200—300 个树苗坑, 可以赚 2—3 块钱。我大嫂去山脚下种地, 母亲在帽儿山养了两头猪和几只鸡。这样的日子还不错, 后来大哥有了四个孩子, 一家八口人, 在哈尔滨全靠他一个人的工资, 又没有外援, 生活是很困难的。三年困难时期, 大哥被调到了松北庙台子火车站工作。他又在庙台子开荒了几亩地, 种玉米、大豆、土豆和蔬菜。在困难时期全家没有饿着。利用哥哥在庙台子火车站当货运员的机会, 我放学后和哥哥一起在火车站卸煤。一车皮煤有 60 吨, 一晚上两个人卸完煤得 66 元钱。这种活计不常有, 每个月下来也得几百元钱, 可以补贴生活。母亲做家务、看孩子, 嫂子和我们种几亩地。在哥哥的带领下, 日子还可以维持下去, 且有些富裕。哥哥十分勤劳, 并处处带头干。他一心挣钱, 养家糊口,给我留下深刻的印象。1964年,也是我考大学的那一年,大哥看到庙台子的香瓜很好吃,哈尔滨人很喜欢,就拉了一车(胶皮车)香瓜到哈尔滨,让我和大嫂卖香瓜。一车香瓜能挣几十元钱,相当于他一个月的工资啦。我在他的指导下,卖过玉米、大头菜、土豆等,最后卖香瓜挣钱多。哥哥头脑是经济脑瓜,想想那时哥哥如果没有经营思想,全家八口人怎么生活呀?为了一家人的生活,哥哥总是千方百计去挣钱。在20世纪70年代,哥哥发现内蒙古自行车、缝纫机短缺,就从天津往内蒙古贩运;后来发现关里老家缺木材,就从黑龙江林区往关里发送木材,通过这样赚取差价。

光靠哥哥几十元的工资是无法养活全家人的。于是哥哥就绞尽脑汁想办法,通过开荒种地、干私活、贩卖物品,赚钱补贴全家生活。哥哥在我的人生轨迹里影响很深,他的勤劳、不畏艰苦、头脑灵活、为家奉献的精神,让我永世难忘。可惜的是,他在20世纪80年代初期由于车祸不幸身亡。若是要让他赶上改革开放的年代,他就可以大显身手,可以大干一场,能发家致富啦!

我跟哥哥之间还有一些至今让我难忘的事情。

一、"五分钱"的故事

我在上小学的时候,一天同学来找我去兆麟公园游玩,我答应跟同学一起去。这天大哥在家休息。同学找我时,哥哥正在洗衣服,我就向哥哥要五分钱门票钱。这时哥哥严肃地对我说:"我在家洗衣服,你去玩好吗?"我很自觉地对哥哥说:"我不去了。"因为哥哥没有给我五分钱门票钱,就没去成兆麟公园。这在我幼小的心灵里始终忘不了。当时五分钱难倒英雄汉,可见家里是多么贫穷啊!

二、哥哥善于学习

在我上中学时,有一天放学回家后,哥哥突然拿出两本书,让我跟他一起学习。一本是《关于正确处理人民内部矛盾的问题》,另一本是《人的正确思想是从哪里来的?》。他边念给我听,边讲解。从这件事可以看出哥哥是一个非常善于学习之人。

三、处理邻里之间的关系

因为孩子之间经常好打仗,大人与大人之间容易产生摩擦。哥哥非常会说,只要他一出面,便会晓之以理,动之以情,把问题解决好。

四、不放过每次能赚钱的机会

有一年冬天,哥哥在里木店火车站工作。火车运来一车皮粪,他就喊来职工,包括我在内一起卸粪挣钱。一车皮下来挣了十几元钱。

20世纪70年代末80年代初,哈尔滨人都知道拆线,就是把线衣裤拆成线,一斤多少钱。他动员全家人都拆线,他自己负责运送。我还记得在哈尔滨道外住地砸过洋钉子和铁丝条,就是把弯钉子和铁丝条砸直,每斤多少钱。

1982—1983年,我在北京大学进修,哥哥去北京看望我。到市场一看,北京的带子鱼好,韭菜很便宜,而且哈尔滨不好买。他就利用在铁路工作的便利条件,往哈尔滨贩运。冬天又发现山东地瓜可以来哈尔滨换土豆,就利用铁路上熟人往来换土豆、地瓜。我还让哥哥给我家换了一些地瓜。在那个年代里哥哥也算一个能人。

五、哥哥对我与子女恨铁不成钢

哥哥一生好吃好喝,这也许是他在天津长大,父亲开包子铺时养成的习惯。我哥的四个孩子都没有上大学。在"文革"期间，大女儿下乡去了红兴隆农场，后来回哈尔滨接班。为儿子进艺校到处联系，托人想办法，三日两头送香油、花生，并请他们到家来吃饭，最后儿子艺校没去成，考上了技校，大家乐得不可开交。后来大哥喝酒成瘾，一天三喝，家中常常不撤桌，来个人就一起喝。他喝酒还有一个习惯，就是一边喝酒一边训人。在跟前，我是第一个挨训的。训就是希望你好，将来有出息，要学习他，总结他。对子女更不用说，特别是对儿子，更有教训之理，说得他儿子无地自容，产生了反感。他信奉"当面教子、背后教妻"的方式，越在人面前越说儿子，以至于到车祸前与儿子都不说话。

心灵手巧——我的姐姐霍桂荣

我的姐姐霍桂荣，1926 年生于天津。17 岁随母亲回老家霍辛庄。20 岁时嫁给临村潘庄一个商人的儿子，她的公公在内蒙古呼和浩特市经营布匹，号称二掌柜的。他的长子潘德谦就是我的姐夫。

姐姐嫁给了一个大户人家。二掌柜的有 5 个儿子，没有女儿，姐夫潘德谦在家排行老大。姐姐不识字,又没有参加工作,家中一切家务劳动全部包在姐姐身上。不仅要伺候公婆,还有4个小叔子归她管。每天做好饭还要给公婆盛到碗里,端在桌子上,忙在前,吃在后,叫做在头里,吃到后头。除了做饭,还要做衣服、洗衣服、打扫卫生。不仅负责公婆、姐夫的衣服,还要给4个小叔子做衣服和鞋子。我姐在母亲的培养下,从小就心灵手巧,做一手好活计。后来家里孩子大人穿的衣服都是姐姐做的。我还记得我上小学时,姐姐为我做了一个书包,书包上面绣着小兔子打伞的图案,活泼可爱。总之姐姐特别能干活,而且做的衣服样式好看。为此,母亲经常对我说:"你姐姐心灵手巧,要是有文化一定能干大事的。"姐姐在老潘家把整个家务一个人全包了,并且完成得很出色。婆婆经常夸姐姐是个好儿媳妇,要知道在那个年代,婆婆夸儿媳妇好的事是很少有的。姐姐为潘家生了8个孩子,中间有2个孩子夭亡,最后剩下2个儿子、4个女儿。

新中国成立以后,姐夫家的布匹买卖干不下去了,家庭成分被定为"小业主"。由于家庭负担重,姐姐一直没有参加工作,就在家任劳任怨,相夫教子。二十世纪七八十年代,姐夫得了精神病,丧失了劳动能力,还经常打骂姐姐。为了家庭,为了孩子,姐姐默默忍受着。一家生活的重担全部落在姐姐身上,她靠缝补衣服、干点私活维持一家生计。由于家庭出身不好,又赶上"文化大革命",所以六个孩子只读到高中,没有一个念大学的。姐姐长期受苦挨累,积劳成疾,患上了高血压,后来脑出血两次。虽然命大闯过来了,但是身体瘫痪了,生活不能自理,全靠6个子女轮流伺候。这一病就是10年,68岁就寿终正寝了。

姐姐的一生,是展现了中华儿女传统美德的一生,是勤劳的一生,是和我母亲一样含辛茹苦的一生。她含辛茹苦地培养了6个孩子,现在有的已经退休,他们都很争气,都很孝顺,都为她争了光。因姐姐在呼和浩特市,我们接触不多,所以只能介绍到这儿。姐姐的一生要是被全部记录下来,也可以写一本书了。

永远抹不掉的童年记忆

洗澡(游泳)

老家的夏天是十分炎热的,唯一解热的办法就是下河洗澡。我的家就住在大运河岸边,洗澡成了我的爱好。每天放学先不回家,同我的小伙伴们到水里游上一会儿。母亲怕我游泳淹着,每天上学前就千嘱咐,万叮咛,叫我不要到河里游泳。我就是不听,有时就跟母亲扯谎说我放学到同学家里玩,其实还是游泳去了。没想到母亲有办法检查我是否去游泳,等我回到家,母亲在我的小腿上一挠,只要见到小腿上有白印子,就知道我说谎了,母亲生气了就打我一顿。但是我习惯难改,就愿意到水里玩。还记得有一次和班上几个小伙伴去游泳,被老师发现了,老师到河边把我们脱的衣服拿走了,害得我们集体光着屁股找衣服,在村头出了不少洋相。除了在大运河里游,我们还在村边池塘里游。池塘水浅,水不干净,潜水时脏水落到耳朵里,引起中耳发炎。就是这样,一到夏天就去游泳,游泳成为我小时候一大乐趣。由于反复往耳朵里灌水,中耳炎始终没治好,一直到上大学时还时好时坏,以至于影响了我的听力。不过到现在还是喜欢游泳。在哈尔滨时,夏天去松花江里游,在三亚时,到大海里游。游泳已成为我的一种生活习惯。

摸　鱼

小时候，在河里摸鱼是我的拿手好戏。池塘里有鲫鱼、鲤鱼、鲢鱼，还有鲇鱼。我小时候不喜欢吃鱼，但是喜欢到池塘里抓鱼，特别是鲫鱼。它专门躲在池塘底部的泥土里，当时我就用脚踩到水底下的泥土里，特别是水底下的脚印子里，用脚丫子轻轻一踏，有鱼！我就赶紧用手潜到水底脚印坑里，一摸就是一条鲫鱼。一条鲫鱼足有二三两重，每次都摸十几条，拿回家让母亲做着吃。在那个时代生活困难，能吃上鱼也算是改善了生活。到现在记忆犹新的是，当时全村人一起在池塘里打鱼，先是把池塘水搅浑，鱼在水里缺氧，都把头部冒到水面上来呼吸，大人们开始用网捞鱼。我在水里游泳玩耍，突然看见一条大鲇鱼张着嘴露出了水面。我知道鲇鱼不能抓，一抓打滑就跑掉了。于是我用双手使足劲往上一挑，就把这条一斤多重的鲇鱼弄到了池塘岸上。只见它蹦了几下就不动了，我一把抓住它，拿回家让母亲做了一顿鱼餐，美美地过了把吃瘾。后来才知道"浑水摸鱼"这个成语的真正含义。

打碎暖水瓶

在农村老家里生活贫穷,生活日用品中没有值钱的东西。唯一值钱的是哥哥从内蒙古回家时买的一个暖水瓶,为母亲和我平时能喝上热水。我还记得是一个竹子包裹着的暖水瓶。平时暖水瓶就放在屋子里的桌子上。

一天放学,班上一名叫福星的同学听说我家有暖水瓶,能喝热水,很是好奇,就想来我家看看并喝点热水。我领他来家后,他直奔桌子上的暖水瓶,想瞧个明白。他用手去拿,暖壶里有水,有一定重量,结果手一滑,"啪"的一声,暖瓶摔到地上碎啦!热水洒了一地。哎呀!这可怎么办啊!我的同学吓哭了,我没哭,可也吓傻了。惹了大祸了,怎么办呢?我们当时也就 10 岁的孩子,挨打是无疑了,但也心痛呀!怎么过母亲这一关呢?于是我俩就想了一个馊主意,就说是鸡飞到桌子上把暖瓶给弄打了。母亲回来后问暖瓶是怎么打的。我就说和同学放学来家后,发现暖瓶就在地上破碎了,肯定是鸡跑到屋子里弄打的。母亲很是生气,严厉地问是不是我同学弄打的。我本来心里有鬼,又扯谎心虚。鉴于母亲的威严，我很快就招了。母亲又打我又骂我，最后领着我到了福星同学家里，告知家里的暖瓶是福星给打的，一定要他家赔偿。到后来赔没赔就记不清了，从此我家就没有暖瓶了。但是，这件事在我幼小的心灵里留下了难忘的印象，头一次扯谎，内心是很歉疚的。

外甥两次脱险

1952年冬季，姐姐和姐夫带着刚满5岁的小外甥回老家探望母亲。我那时只有8岁，比小外甥大3岁，见到姐姐和姐夫还很陌生。姐姐从内蒙古绥远（现呼和浩特市）回家探亲，母亲特别高兴。姐夫见家里很穷，还给我家买了一石谷子和高粱，接济家里生活。到后来，母亲总是告诉我不要忘了姐姐和姐夫当年帮助过我们。这次回来探亲就住了十几天，就在这十几天里却发生了两件我最难忘的事。

这次探亲姐夫是带着5岁的小外甥来的，小外甥十分顽皮淘气，于是就让我领着他到外边玩耍。村头有一个大池塘，当时已结了冰，人在上面走没问题。可是有人在上面凿了洞，用来取水。我领着小外甥在冰上玩,一时没看到,他就在上面飞跑着,我也没发现冰面上有洞。转眼小外甥就跑到洞跟前,我说时迟,那时快,一把把他拽住,险些掉进冰窟窿里,真是吓死人了,稍不留神人就完了。后来想想真害怕。

还有一件事,也是有惊无险。来时姐夫给小外甥买了一个小火轮玩具。它像是一只小船,把它放在水上,里边有一只小蜡烛,点上蜡烛后,小火轮就在水面上游动,很好玩。冬天家里的水缸里有水,就把小火轮放在水缸里,观看它来回游着。我个子高,能看到小火轮的游动。可小外甥个矮看不见,我就托着他趴在缸沿上往里看。这下可好,他往里去够,不小心,一头扎进水缸里。我又没有司马光砸缸的智慧,差点吓死了。说也巧,姐姐正在窗户上往外看我们玩,一看小外甥两只脚在缸外,马上跑出来,将他救了出来。我受到母亲的训斥,挨了一顿打。幸好小外甥有惊无险,不然我得后悔一辈子。

让母亲讲笑话(故事)

儿时常拉着娘的手,逼娘说笑话,逼急时,娘就拉着我的双手说道:打锣锣,拽锣锣,下来麦子蒸馍馍。

你一个,我一个,剩下的压什盒。压的什么?压的蛤蟆,嘟呱乱蹦跶!我后来都听腻了。我一让母亲讲笑话,就是重复上面的那些话。直到现在我也忘不了。

还有"打锣筛,拽锣筛,下来麦子请你伯,你伯不来,打你伯秃脑袋"。

更有意思的是,没的说啦,就来个"说笑话,道笑话,一道道在王套家,王套他娘贴饼子,一贴贴了你一脖颈子",于是大家笑个不停。

卷 尾 语

往事并不如烟,回忆当年在黑龙江大学当馆长期间发生的人和事,仿佛就在眼前。遥想过去在图书馆工作的先辈和前辈们,他们为发展图书馆事业做出了多少贡献! 只可惜至今没有留存或记录下来。

我非常荣幸的是,在当馆长期间,正赶上改革开放的春天,正赶上图书馆事业大发展的年代。那时一座座图书馆大楼拔地而起,可以说这种大变化是一天一个模样。恰逢盛世,我有幸把当馆长时发生的那些事记录下来,作为图书馆发展史上一朵小小浪花汇入知识海洋里。虽然这些事发生在高校图书馆,代表了一所学校图书馆的发展痕迹, 比起整个图书馆事业、整个国家的发展不足为奇;但是,正是由于这些点点滴滴的变化,我们才看到我们国家的大发展。从当馆长的那些事联系到我自己和自己的家庭历史,这些都发生了天翻地覆的变化。李六如先生的《六十年的变迁》介绍了中国六十年的变化。我希望我写的这本书能以图书馆为历史缩影，记录我国图书馆行业的发展，特别是记录我国四十年改革开放历程中的图书馆的变化，将图书馆的部分发展历史保存下来。

想到此，我很自豪，我非常感谢这个伟大的时代，感谢我们伟大的中国共产党。没有共产党，就没有我的今天，也就没有这本书的出版。

我要感谢黑龙江大学图书馆和黑龙江东方学院图书馆给我搭建了一个好平台；更要感谢黑龙江大学赵桂荣馆长、徐士贺书记、李洪伟主任，感谢黑龙江东方学院郭旭馆长和张红岩副馆长对我写这本书的大力支持；感谢图书馆同人王欢帮助我打字、校对、统稿，付出了艰辛劳动。感谢殷洁、颜伟光、胡婷、王泓、田禹、芮怀楷、杨以明、张兴龙、包岩帮忙打字。感谢黑龙江大学出版社张永超社长和戚增媚副总编辑的大力支持，感谢责任编辑张春珠和徐晓华为本书内容修改和校对付出了大量心血。谢谢！

霍灿如

2018 年 10 月 30 日

附录：图书馆工作
四十四年图集

工作集

1972年 黑大图书馆工作照

1974年 与谭致祥老师（右）
去北京采购外文图书

1974年 到北京采购外文图书登上长城

1982年 在北大进修与校友合影

1982年 在北大图书馆学专业进修

1983年 黑大图书馆首届运动会上致辞

1982年 在北大进修时到房山参观

1982年 接待美国访问学者参观图书馆

1977年 在北京天安门

1978年 在图书馆老办公室

1978年 组织外国图书展览

1983年 接待美国大学校长参观

1984年 在图书馆工作会议上讲话

1984年 "庆七一党的生日"演讲

1984年 黑大图书馆首届学术报告会

1984年 庆祝中华人民共和国成立三十五周年黑大图书馆全馆合影

1984年 接待云南高校图工委
秘书长李若兰（右）参观

1984年 接待外宾（左）参观

1984年 接待美国大学校长（中）参观

1985年 黑大图书馆参加校运动会运动员合影

1986年 在图书馆学会年会主席台上

1986年 在湘潭大学
参加全国地方综合大学图书馆馆长会议

1986年 哈尔滨地区高校图书馆学会
年会上讲话

1986年 与美国大学代表团参观图书馆合影

1986年 黑龙江省高校图书馆馆长会议

1986年 大连藏书建设研讨会

1988年 哈尔滨地区高校图书馆学会成立
与程道喜副市长（前排右四）合影

1991年 接待教育部副部长邹时炎（左）参观图书馆

1992年89级工业外贸俄语班毕业照

1993年 与国家教委条件装备司
副司长王富（前排左二）合影

1996年 在省高校图书馆馆长会议上

1995年 与哈尔滨医科大学图书馆
馆长赵慧晨（中）合影

1996年 参加第六届北京国际图书博览会
与李继凡馆长（左）合影

1996年参加北京IFLA大会

黑龙江代表合影

与国际图联主席（左三）合影

1996年 黑龙江高校图书馆馆长工作会议

1998年 苏联图书展销订货会

1998年 在高校图书馆馆长会议上讲话

1998年 在黑大图书馆办公室工作

附

录

255

1998年 在黑龙江省高校图书馆馆长会议上讲话

1996年 组建全国地方综合大学图书馆协作网
国家教委条件装备司图情处处长李晓明、
黑龙江省教委高教处处长王明志、
黑龙江大学校长刘东辉到会合影

1998年 黑龙江省高校图书馆馆长会议合影

1998年 黑龙江省高校图书馆馆长会议合影

1999年 黑龙江省图书馆馆长会在大庆石油学院召开

1999年 教育部高等学校图书情报工作指导委员会成立大会
暨第一次工作会议

2000年 黑龙江大学图书馆迎接评估前接受省评估专家检查

2000年 东三省高校图书馆馆长学术研讨会留念

2001年 黑龙江大学60周年校庆
与吉林省高校图工委秘书长宝成关（左一）合影

2001年 俄罗斯国立图书馆副馆长（左二）
参加黑龙江大学60周年校庆并做学术报告

2001年 黑龙江大学60周年校庆
与黑龙江省图书馆学会秘书长王丽云（右）交谈

2001年 在办公室工作

2001年 黑龙江大学图书馆新馆办公室工作照

2001年 与湖北高校图工委
秘书长邓家洛（左一）合影

2001年 在黑龙江大学图书馆馆长室

2001年 黑龙江大学60周年校庆
图书馆领导班子与俄罗斯国立图书馆副馆长（左三）合影

2001年 黑龙江省图书馆学会第七次会员代表大会

2001年 黑龙江大学图书馆新馆落成，图书馆全体成员合影

2001年 中国基本古籍库光盘演示暨学术研讨会会议留念
任继愈、季羡林出席会议

2001年9月 黑龙江大学60周年校庆
接待黑龙江大学曹林副校长（右一）参观校史馆

2001年9月 黑龙江大学60周年校庆
接待董浩（右一）、李高贵（左一）参观图书馆

2001年 黑龙江省教育厅厅长董浩参观黑龙江大学图书馆

2001年 哈尔滨副市长程幼东（中）参观黑龙江大学图书馆

2001年 俄罗斯国立图书馆副馆长向黑龙江大学图书馆赠书

2001年 参加日本科学协会赠书仪式

2001年 向台湾友人赠送纪念品

2001年 在黑龙江大学图书馆与台湾友人合影

2002年 丸善书店向中国大学图书馆代表团赠书

2003年 日本友人高森先生向黑龙江大学图书馆赠书

2001年 参观武汉大学图书馆
与燕今伟馆长（中）合影

2002年 参加杭州评估会与朱强（前排左四）、
李晓明（前排左三）合影

2002年 全国高校信息素质教育学术研讨会
与美国大学教授翩翩起舞

2002年 参加海峡两岸图书交易会

2002年 教育部高校图工委第三次工作会议合影

2002年 海峡两岸资讯服务与教育新方向研讨会合影

2002年 全国高校信息素质教育学术研讨会
李晓明、朱强主持会议

2002年 中国大学图书馆代表团访问日本
与日本财团理事长笹川阳平、日本科学协会理事长滨田隆士等集体合影

2003年 与我国著名数学家吴文俊合影

2003年 参加黑龙江省农业职业技术学院
图书馆新馆落成典礼

2003年《全省图书馆志》编写工作会议合影

2003年 程幼东副省长参观黑大图书馆

参加第五届中国图书馆学会年会,
在怒江畔留影

在黑龙江省图书馆学会年会上与省图书馆
馆长赵士良、哈尔滨市图书馆馆长孙威合影

与美国空管人士合影

参加中国图书馆学会第五次会员代表大会

与杭州大学图书馆副馆长高跃新合影

与湖北大学图书馆馆长张恩瀛（左一）合影

在黑龙江省成人高校图书馆工作会议上做学术报告

与教育部教学条件司图书情报处
处长董哲潜合影

与黑龙江大学图书情报学系主任李修宇（左一）、
李景正（右一）合影

黑龙江大学图书馆获得先进集体光荣称号

获得黑龙江省高校图书馆先进个人荣誉称号

在黑龙江省高校图书馆工作会议上讲话

黑龙江省高校图工委副主任与董浩合影

在黑龙江省图书馆学会年会上与黑龙江省教育厅高教处白华处长(中)合影

参加第七届北京国际图书博览会黑龙江代表合影

参加中国图书馆学会年会

与吉林省高校图工委原秘书长单行合影

黑龙江省委书记徐有芳到黑龙江大学图书馆新扩建馆视察工作

2005年 参观阿城金上京遗址

2005年 与哈尔滨工业大学图书馆原馆长李继凡在金上京历史博物馆合影

2005年 日本友人赠书

2006年 参观萧红故居

2006年 黑龙江省高校图书馆馆长工作会议代表合影

2004年 日本科学协会常务理事梶原义明（中）参观图书馆合影

2007年上海书展发布会

2007年黑龙江东方学院
大学生读书征文表彰大会上发言

2007年黑龙江大学袁长在夫妇（右一、右二）
向黑龙江东方学院图书馆赠书

2007年黑龙江大学冈晋麟夫妇（右一、右二）
向黑龙江东方学院图书馆赠书

向黑龙江省省长张左己介绍黑龙江东方学院图书馆情况

向黑龙江省省长张左己（左一）、黑龙江东方学院理事长孟新（右一）介绍特藏图书

2008年 黑龙江东方学院图书馆门前

2008年 黑龙江省高等学校图书馆馆长
暨哈尔滨市高校图书馆学会年会

2008年 参观黑龙江大学图书馆

2009年 黑龙江东方学院图书馆
全体工作人员合影

2009年 在重庆参加全国书市现采会

2009年 中国共产党黑龙江东方学院
第三次代表大会主席团成员

2009年 中国共产党黑龙江东方学院
第三次代表大会第十一代表团

2009年 黑龙江大学原副校长李祖培（中）
及夫人王淑馨教授（左一）向黑龙江东方学院图书馆赠书

2010年 接受日本外教赠书

2010年 与海南省高校图工委秘书长安邦建（左一）、
宁夏高校图工委秘书长张向东（右一）合影

2010年 黑龙江东方学院图书馆
第一届学术研讨会上发言

2010年 参观哈尔滨商业大学图书馆

2010年参观绥化学院图书馆

在绥化学院图书馆做学术报告

与绥化学院图书馆馆长杨怡红（右一）合影

杨怡红馆长（左一）介绍绥化学院图书馆情况

全体馆员在绥化学院图书馆合影

2010年 游览凤凰山

2011年 游览镜泊湖

2011年 游览镜泊湖时集体合影

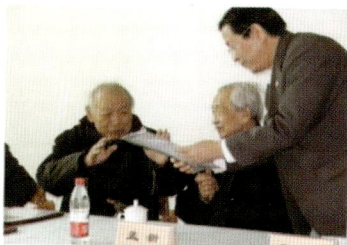

2011年 接受中国科学院齐康院士（左一）赠书

2011年 与黑龙江东方学院孟新理事长（中）、周长源执行理事（右二）、吕其诚副院长（左一）、齐玉霖教授（左二）合影

2011年 黑龙江东方学院图书馆工作人员合影

2011年 参加黑龙江东方学院运动会

2011年 黑龙江东方学院图书馆新馆开馆十周年纪念会上做报告

2011年 黑龙江东方学院大学生读书征文表彰大会上发言

2011年 与哈尔滨工业大学图书馆原馆长李继凡（中）、黑龙江省图书馆副馆长董绍杰（左一）参观黑龙江大学校史馆

2011年 向俄罗斯大学校长介绍特藏图书

2011年 向俄罗斯大学校长赠送馆徽

2011年 接待黑龙江省教育厅老领导参观
介绍电子阅览室资源

2011年 接待黑龙江省教育厅老领导参观
介绍图书馆过刊区

2011年 接待日本大学校长参观图书馆

2011年 在图书馆工作委员会会议上做报告

2011年 为黑龙江东方学院2011级新生进行入馆前介绍

2012年 考察评估 与大庆师范学院图书馆馆长合影

2012年 大庆师范学院图书馆赵馆长介绍图书馆

2012年 黑龙江东方学院图书馆工作人员合影

2012年 接待教育部评估专家

2012年9月 在黑龙江东方学院征文表彰大会上发言

2013年3月 在黑龙江东方学院图书馆安全工作会议上讲话

2013年6月 获得黑龙江东方学院优秀党务工作者称号

2013年7月 接待哈尔滨工业大学老领导参观黑龙江东方学院图书馆

2013年9月 黑龙江东方学院建校二十周年暨馆庆十八周年活动中
与来访老馆长及学院领导座谈并做典型发言

2013年9月 在黑龙江东方学院建校二十周年暨馆庆十八周年活动中与来访老馆长合影

2013年9月 与哈尔滨工业大学图书馆原馆长李继凡在黑龙江东方学院校庆二十周年演出现场与图书馆工作人员合影

2013年11月 在上海交通大学图书馆调研
并与上海交通大学图书馆馆长合影

2013年11月 在上海浦东图书馆调研

2013年11月 在杭州图书馆调研

2013年11月 在杭州图书馆调研并与杭州图书馆馆长（右）合影

2013年7月 接待哈尔滨工业大学领导参观图书馆

2014年3月 在黑龙江东方学院图书馆安全工作会议上讲话
并与馆长助理张红岩签订安全责任状

2014年4月 黑龙江东方学院图书馆工作人员合影

2014年4月 在黑龙江东方学院首届"阅读助力人生"
诵读比赛中担任评委并为获奖者颁奖

2014年10月 参观哈尔滨工程大学图书馆并与胡乃志副馆长合影

2014年11月 组织召开乳品专业
特色数据库建设座谈会

2014年9月 在黑龙江东方学院第八届读书征文表彰会上发言

2014年9月 在黑龙江东方学院第八届读书征文表彰会上与获奖者合影

2015年4月 在黑龙江东方学院图书馆搬迁总结大会上做搬迁总结

2015年4月 代表黑龙江东方学院图书馆接受学院基础部主任刘禄教授赠书

2015年6月 在知网使用培训会上抽奖并获得一等奖

2015年6月 在黑龙江东方学院运动会上参加草地保龄球项目

2015年7月 主持召开赴黑龙江大学培训馆员总结会
为进修馆员颁发证书并合影

2015年7月 带领黑龙江东方学院图书馆全体工作人员赴兴城旅游

2015年12月 在黑龙江东方学院元旦晚会现场与图书馆演出人员合影

2016年1月 在新校区主楼临时办公室

2016年6月 赴长春参加高校图书馆馆长研讨会
并在会上做典型发言

2016年6月 在民办高校图书馆馆长研讨会上
与参会领导合影

2016年5月 在黑龙江东方学院运动会上为获奖运动员颁奖

访问集

1992年 访问俄罗斯

在俄罗斯国立图书馆访问会上致辞

在俄罗斯国立图书馆阅览室与图书馆中文编目主任合影

在伊尔库茨克大学图书馆与馆长、秘书合影

在莫斯科无名英雄纪念碑

在莫斯科圣瓦西里大教堂

在伊尔库茨克大学图书馆门前

在圣彼得堡冬宫广场前

在莫斯科河桥上

在莫斯科河畔

在普希金故居博物馆普希金雕像前

冬宫里的一角

在俄罗斯国立图书馆与副馆长、副主任交流

在俄罗斯国立图书馆阅览室

访问莫斯科国家图书馆与副馆长（左二）
和中国驻俄文化参赞（左一）一起交流

访问莫斯科大学 在主楼罗蒙诺索夫雕像前
与图书馆主任合影

与俄罗斯国立图书馆签订两馆图书交换协议
和俄罗斯国立图书馆副馆长（后排左二）
部主任（后排左一）合影

2008年 访问俄罗斯海参崴

1995年访问美国

康奈尔塑像前

康奈尔大学入口处

康奈尔大学图书馆

纽约世界贸易中心书店

美国俄亥俄州OCLC大楼前厅

在OCLC操控电脑

在OCLC大厅

在美国费城

迪士尼像前

美国旧金山金门大桥

1992年 参观南京梅园新村纪念馆

1998年 参观曼谷鳄鱼湖动物园

1998年 香港太平山夜景

1998年 参观曼谷大皇宫

2001年 参观深圳大学图书馆

2001年 参观曲阜大学图书馆

2000年 参观阿城金上京历史博物馆

2000年 参观上海图书馆

2001年 参观壶口瀑布

2001年 在延安参观毛主席旧居

2001年 延安宝塔山 延水河

参观长沙橘子洲头

泰山十八盘

参观刘少奇旧居

参观重庆谈判旧址和张治中宅

2001年 在西安交通大学钱学森图书馆

2003年 参观荆州博物馆

2008年 参观厦门大学图书馆

在欢迎会上讲话

发表讲话

在学术交流会上做学术报告

2002年 参观京都大学

2002年 参观日本国立国会图书馆

2002年 访问日本芝浦工业大学图书馆

与日本朋友田中交流

接收赠书地留念

学术交流后集体合影

在日本财团门前合影

2002年 访问日本回国后 作为团长做学术交流

2002年 访问日本科学协会后 在南京大学总结会合影

2003年访问欧洲

2003年 访问比利时 尿童像

2003年 访问荷兰 大风车

2003年 访问法国 凯旋门

2003年 与凡尔赛宫和卢浮宫导游法国人卫宇露先生（中）合影

2003年 访问德国 慕尼黑

2003年 访问芬兰 赫尔辛基大学图书馆大楼一楼

2003访问荷兰 在赫尔辛基大学图书馆与工作人员合影

2003年 参观意大利佛罗伦萨市政广场

2003年 与意大利司机（中）合影

2003年 意大利比萨斜塔

2003年 意大利圣彼得大教堂

附

录

321

芝浦工业大学图书馆前

访问日本

日本皇宫广场

日本皇宫 护城河畔

科研集

著作

1989年
编《中外幽默集锦》

1989年
参编《图书馆藏书建设》

1991年
主编《大学生导读书目》

1991年
主编《世界风俗大全》

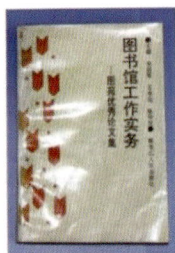

1996年
参编《图书馆工作实务》

1998年
参编"黑龙江大学人文社会
科学文献开发丛书"

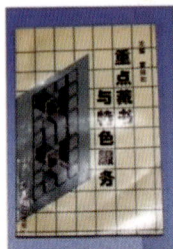

1997年
主编《重点藏书与特色服务》

2011年
主审《读书做人与成才》

2011年
主审《大学生导读书目》

论文

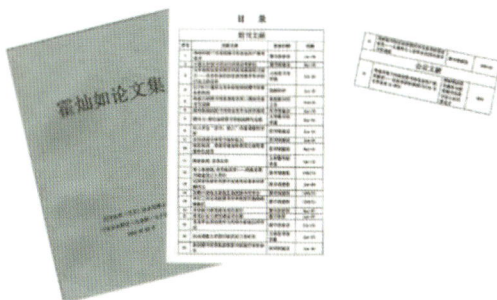

发表论文22篇目录

论文《大学生阅读动机新探》
在《吉林高校图书馆》1990年第2期发表

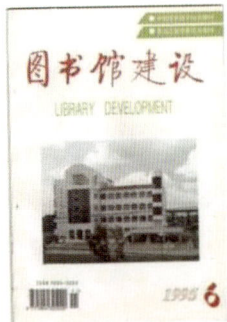

文章《访问美国大学图书馆印象记》
在《图书馆建设》1995年第6期发表

论文《面向21世纪高校图书馆的选择与实践》
在《大学图书馆学报》1996年第4期发表

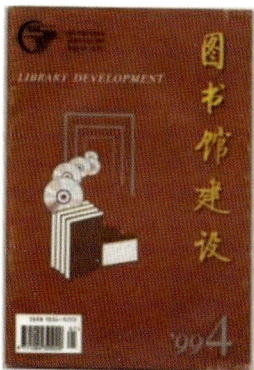

论文《面向新世纪图书馆观念变革与改革思路》
在《图书馆建设》1999年第4期发表

文章《为开创信息素质教育的新局面而努力奋斗》
在《大学图书馆学报》2002年第2期发表

课题《黑龙江省民办高校文献资源保障体系研究》
在《黑龙江教育》2008年7—8期发表

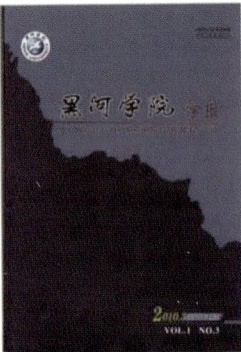

文章《民办高校图书馆与公办高校图书馆
比较研究》在《黑河学院学报》2010年第3期发表

《面向21世纪高校图书馆的选择与实践》被
《现代信息技术对文献检索课挑战》一文引用

《面向21世纪高校图书馆的选择与实践》被
《借鉴与思考：面向21世纪的高校图书馆读者服务工作》一文引用

荣誉集

1987年12月
被评为黑龙江省图书馆学会优秀工作者

1988年7月
论文《对省级文献资源布局的探讨》获
黑龙江省文物管理委员会、黑龙江省图书馆学会优秀科研成果二等奖

1989年1月
被聘为黑龙江省文献资源调查课题组成员

1989年5月
被评为黑龙江省图书馆学会优秀学会工作者

1989年10月
论文《对省级文献资源建设布局的探讨》荣获中华人民共和国
成立40周年、中国图书馆学会成立10周年图书馆学、情报学特别奖

1990年3月
参加并完成黑龙江省文献资源调查课题

1990年6月
《大学生阅读动机新探》荣获黑龙江省文物管理委员会、
黑龙江省图书馆学会优秀科研成果一等奖
1992年3月
《大学生阅读动机新探》荣获1989—1990年度哈尔滨市
自然科学优秀学术论文三等奖

1990年10月
论文《我校图书馆馆藏文献的调查分析》
被评为1989—1990年度哈市高校图书馆学会优秀论文

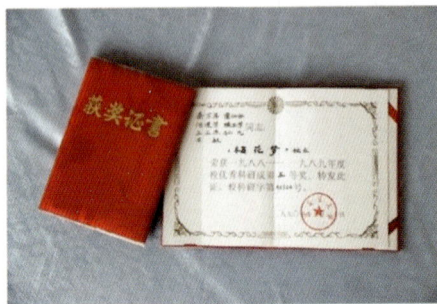

1990年12月
《梅花梦》校点 荣获1988—1989年度优秀科研成果三等奖

1990年12月
论文《我国文献资源建设的必然性、可行性与科学性》
入选藏书建设与文献资源布局学术研讨会

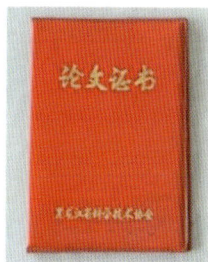

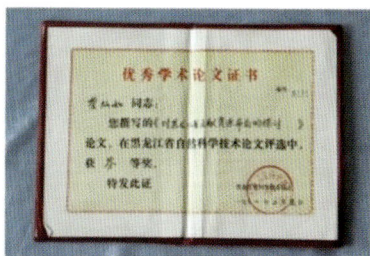

1991年2月
论文《对省级文献资源布局的探讨》
在黑龙江省自然科学技术论文评选中荣获三等奖

1991年6月
科研成果《尽力实现量化科学管理，更好地发挥图书馆为教学服务的作用》
荣获1989—1990年度黑龙江大学优秀教学成果奖优等奖

1991年9月
论文《高科技发展与图书情报工作》
被评为东北地区图书馆学第四次科学讨论会出席会议论文并获讨论会优秀论文

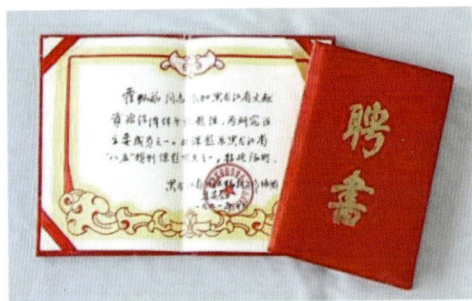

1991年10月
参加黑龙江省文献资源保障体系课题组，为研究组主要成员之一
此课题系黑龙江省"八五"规划课题重点之一

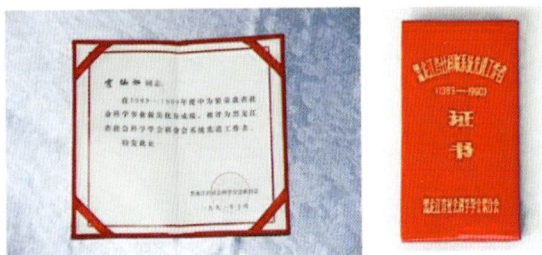

1991年10月
荣获1989—1990年度黑龙江省社会科学学会
联合会系统先进工作者

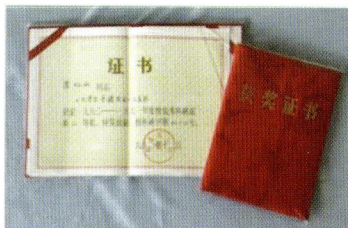

1992年6月
《大学生导读书目》获黑龙江省图书馆学会
第二次二次文献优秀成果一等奖

1992年12月
《大学生导读书目》获1990—1991年度校优秀科研成果三等奖

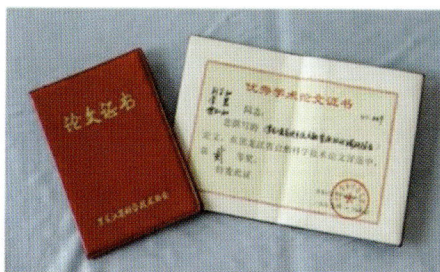

1993年1月
论文《黑龙江省高校系统文献资源现状调研报告》
在黑龙江省自然科学技术论文评选中获二等奖

1993年9月
被评为黑龙江省高等学校图书馆先进个人

1993年10月
论文《对我校文献资源建设的几点意见》
荣获1991—1993黑龙江大学优秀教学成果奖二等奖

1994年4月
荣获1992年度黑龙江省图书馆学会第六届优秀科研成果三等奖

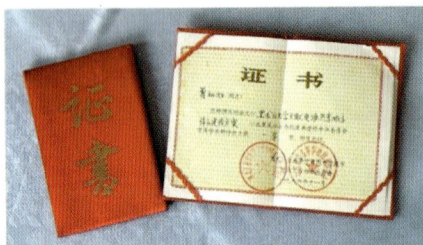

1994年11月
论文《黑龙江大学文献资源共享服务体系建设方案》
在黑龙江省高校藏书建设专业委员会首届学术研讨会上获一等奖

1994年12月
在黑龙江省高校图书馆馆长会议上提交的论文
《论21世纪中国图书馆在"信息高速公路"中的战略地位》
被评为论文一等奖

1995年4月
论文《黑龙江省高等学校文献资源保障体系研究》
在黑龙江省自然科学技术优秀论文评审中获二等奖

1997年4月
《黑龙江省高等学校文献资源保障体系研究》
荣获黑龙江大学优秀科研成果三等奖

1995年6月
被评为全国高校图书馆先进个人

1996年9月
被《黑龙江大学校报》中的《教授名录》栏目报道

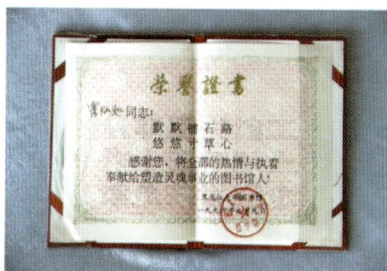

1996年9月
被评为黑龙江大学优秀图书馆人

1996年12月
被聘为黑龙江省高校图书情报工作委员会
藏书建设工作专业委员会主任委员

1997年7月
被聘为黑龙江省图书馆学会学术工作委员会委员

1997年7月
荣获黑龙江省图书馆学会1993—1997年优秀学会工作者称号

1997年9月
被聘为国家教委高校文科图书引进吉林大学中心书库学术咨询委员会委员

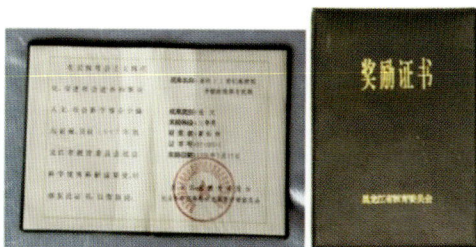

1998年3月
科研论文《面向21世纪高校图书馆的选择与实践》
荣获1997年黑龙江省教育委员会社会科学优秀科研成果奖三等奖

1998年5月
论文《面向21世纪高校图书馆的选择与实践》
荣获1995—1996年度优秀科研成果一等奖

1999年1月
荣获英国剑桥国际传记中心授予的20世纪杰出成就奖

1999年5月
被评为黑龙江省图书馆学会优秀学会工作者

1999年8月
被聘为教育部高等学校图书情报工作指导委员会委员

2000年3月
科研成果《面向新世纪图书馆观念变革与改革思路》
荣获黑龙江省优秀高等教育科学成果奖三等奖

2000年7月
论文《构建大学图书馆素质教育第二课堂的思考与设想》
在中国图书馆学会2000年学术年会征文活动中被评为大会交流论文

2001年9月
被授予1997—2000年度中国图书馆学会先进工作者

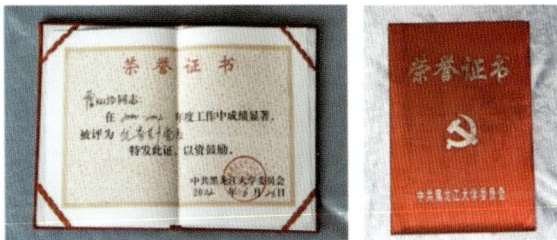

2002年6月
被评为中共黑龙江大学委员会2000—2002年度优秀共产党员

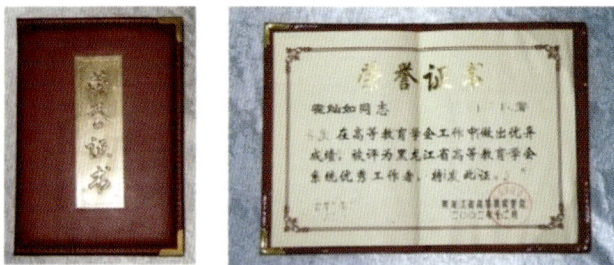

2002年12月
被评为黑龙江省高等教育学会系统优秀工作者

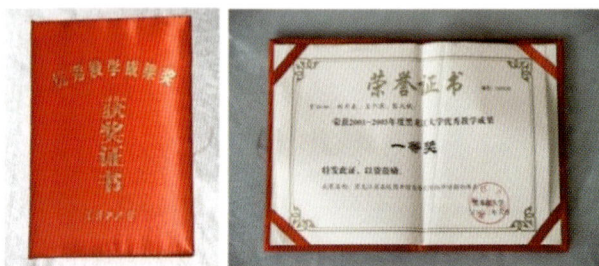

2003年6月
科研成果《黑龙江省高校图书馆自动化网络评估指标体系》
荣获2001—2003年度黑龙江大学优秀教学成果一等奖

2005年11月
被聘为黑龙江省图书馆学会第八届理事会名誉理事

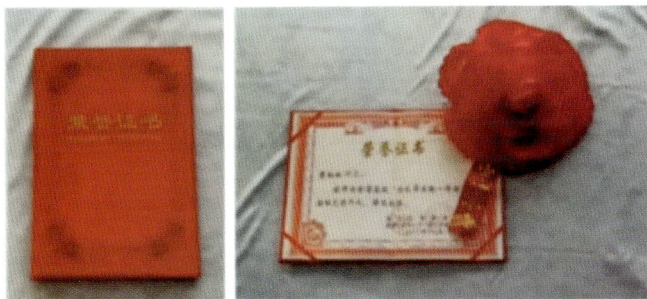

2012年12月
被评为全省高校"为大学生做一件好事"活动先进个人

2013年
七一表彰活动中被评为中共黑龙江东方学院优秀党务工作者